Feste feiern
mit Familie & Gästen

Feste feiern
mit Familie & Gästen

Mit 100 originellen Rezepten durchs Jahr

AT Verlag

Inhaltsverzeichnis

- 8   Frohe Ostern
- 24   Genießen Sie die Spargelzeit
- 38   Küchenparty mit Pasta
- 48   Vegetarisches Verwöhn-Buffet
- 66   Picknick im Grünen
- 80   Sommerfest am Grill
- 94   Kinderparty: Für Meerjungfrauen und Piraten
- 110 Steakhouse-Party: Genuss im Country Style
- 126 Willkommen zum Kirschenfest
- 140 Schulanfang: Süß und fröhlich
- 152 Herbstlich feiern mit Quiche und Wein
- 164 Nordisch gut – Menü mit Lachs
- 176 Hüttenabend für zu Hause
- 188 Partyspaß Halloween
- 207 Stimmungsvoller Adventsbrunch
- 221 Frohe Weihnachten – Feine Menüs für die Festtage

Vorwort

Liebe Leserin, lieber Leser

Bei viel Hektik im Alltag sehnt man sich oft nach einem Ort der Entspannung, an dem man den Akku wieder aufladen kann.

Für die meisten Menschen – das haben Umfragen gezeigt – ist ein gemütliches Essen mit Familie und Freunden die erfreulichste Energiequelle. Denn gutes Essen und anregende Gespräche bereichern die Sinne und die Seele.

Deshalb servieren wir Ihnen hier viele unkomplizierte Rezepte und originelle Dekoideen, nicht nur für die traditionellen Familienfeste wie Weihnachten oder Ostern. Schließlich gibt es mehr gute Gründe und Gelegenheiten, gemeinsam das Leben zu feiern. Dazu gehört zum Beispiel ein feines Spargelmenü im Frühjahr, ein lauschiger Sommerabend am Grill, hin und wieder mal eine lässige Pasta-Party oder ein zünftiger Hüttenzauber für daheim. Auch Kinder feiern gern, etwa mit einer originellen Schulparty oder unserem schaurig-schönen Halloween-Fest.

Der Erfolg ist Ihnen bei allen unseren Festen sicher. Denn dieses Buch ist ein »Best of« der beliebten Serie »Kochen für Gäste« von Europas größtem Food- und Genuss-Magazin »meine Familie & ich«. Das bedeutet, dass alle Rezepte in unserem Kochstudio getestet wurden. Und für jede Einladung gibt es einen gut durchdachten Zeitplan. Dieser hilft, dass Sie den Überblick behalten, und zeigt, was Sie in Ruhe vorbereiten können. Damit es auch für Sie als Gastgeber ein entspanntes und entspannendes Erlebnis wird.

Wundern Sie sich also nicht, wenn Ihre Gäste beim Abschied nach den Rezepten fragen. Spaß und Genuss will schließlich jeder haben.

Herzlichst
Ihre
Gaby Höger

PS. Mehr von »meine Familie & ich« gibt es auf unserer Homepage www.meine-familie-und-ich.de. Dort können Sie sich auch für den monatlichen Newsletter mit meinen persönlichen Saison-Tipps und Küchen-Tricks anmelden. Also ruhig mal reinklicken!

Frohe Ostern

Was für Köstlichkeiten! Da schauen selbst die Dekohasen begehrlich. Und auch Ihre Gäste werden staunen, was sie bei dieser Einladung erwartet. Aber keine Sorge, der Aufwand für das Buffet hält sich in Grenzen. Denn alles lässt sich prima vorbereiten.

Österliche Spinatquiche

**Bitte zugreifen:
Osterbuffet für 10 Personen**

Süßer Start
Bunte Nougatnester

Aperitif
Waldmeister-Cocktail

Suppe und Salat
Feine Spargelcremesuppe
Fenchel-Waldorfsalat

Hauptgerichte
Österliche Spinatquiche
Lammbraten mit Zitrone

Dessert
Palatschinken mit Fruchtkompott

Fenchel-Waldorfsalat

Der Zeitplan zum Buffet

Am Vortag
Quiche zubereiten und backen.
Pfannkuchen backen.
Quark und Kompott für das Dessert sowie Waldorfsalat zubereiten.
Suppe kochen.
Nougatnester machen.
Alles zugedeckt kalt stellen.

3–4 Stunden vor dem Servieren
Lammkeulen und Schmorgemüse vorbereiten, in den Ofen schieben und braten.

1 Stunde vor dem Servieren
Waldorfsalat fertigstellen und anrichten.

10–30 Minuten vor dem Servieren
Eventuell Spinatquiche aufbacken.
Suppe erhitzen, Einlage und Croûtons zubereiten.
Pfannkuchen für die Palatschinken erwärmen, füllen, anrichten.

Zum Servieren
Falls Sie nicht genug Platz im Ofen haben, um die Quiche aufzuwärmen und gleichzeitig den Braten zu schmoren: Lamm herausnehmen, mit Alufolie abdecken. Quiche im Ofen 20 Minuten erhitzen und auf das Buffet stellen. Lamm ohne Alufolie im Ofen zu Ende schmoren und danach mit dem Gemüse servieren.
Außerdem: Fenchel-Waldorfsalat mit Baguette anrichten.
Das Fruchtkompott zu den Palatschinken servieren.
Suppe eventuell vorweg anbieten.
Eventuell Nougatnester dazustellen.

Bunte Nougatnester
Als Dekoration und zum Naschen

Für 14 Stück

100 g gehackte Nougatschokolade und 200 g gehackte Zartbitterschokolade mit 80 g Butter und 200 ml Schlagsahne bei kleiner Hitze schmelzen. 2 Stunden kalt stellen. Aus 1 Wiener Boden (Fertigprodukt) Kreise (6 cm Durchmesser) ausstechen. 4 EL Konfitüre erwärmen und die Kreise damit bestreichen. Die Kreise in Muffinförmchen setzen. Die Schokomasse mit dem Rührgerät aufschlagen, in einen Spritzbeutel mit Sterntülle füllen und auf die Kreise spritzen. Die Nougatnester mit gehackten Pistazien und kleinen Zuckereiern garnieren. Kalt stellen.

Süßer Start

Waldmeister-Cocktail
Ein erfrischender Frühlingsdrink, als Aperitif oder zum Dessert

Aperitif

Für 10 Gläser

200 ml **Waldmeistersirup**
50 ml **Limettensaft**
100 ml **Orangenlikör**
(für Kinder Apfelsaft verwenden)
1 Flasche **Sekt oder Zitronenlimonade**
Himbeeren und Minzeblätter zum Garnieren

Den Waldmeistersirup mit 500 ml Wasser, dem Limettensaft und dem Orangenlikör oder Apfelsaft verrühren und auf Sektgläser verteilen. Mit dem Sekt oder der Zitronenlimonade auffüllen. Zum Garnieren Himbeeren und Minzeblätter auf Holzstäbchen stecken und ins Glas stellen.

Dekotipp

Süße Säckchen
Kleine Geschenke erhalten die Freundschaft: Organzabeutel mit Süßigkeiten füllen. Als Anhänger Eier aus buntem Tonpapier ausschneiden und mit österlichen Motiven bedrucken (die Stempel gibt es in Bastelläden). An die Beutelchen binden, fertig!

Tischschmuck mit Durchblick
Schokohasen und bunte Eier in Weckgläser mit Stroh setzen. Auch als Platzhalter eine hübsche Idee. Dann auf die Anhänger einfach den jeweiligen Namen schreiben.

Spargelcremesuppe
Wenig Aufwand – edel

Vorbereitung: 40 Minuten
Zubereitung: 20 Minuten

Für 10 Portionen

- 3 mehligkochende Kartoffeln (400 g)
- 500 g grüner Spargel
- 2 Zwiebeln
- 3 EL Butter
- 1 l Geflügelbrühe (instant)
- 300 ml Schlagsahne
- Salz, Pfeffer aus der Mühle, geriebene Muskatnuss
- 1 unbehandelte Zitrone, abgeriebene Schale
- 3 Scheiben Toastbrot
- 3 hauchdünne Scheiben gekochter Schinken
- 3–4 dünne Scheiben Butterkäse

1 Am Vortag: Die Kartoffeln schälen, waschen und würfeln. Den Spargel waschen, von den Stangen jeweils das Ende abschneiden und das untere Drittel schälen. Die Spargelköpfe abschneiden, in ein feuchtes Tuch gewickelt im Gemüsefach des Kühlschranks aufbewahren. Die Spargelstangen klein schneiden. Die Zwiebeln schälen und fein würfeln. 2 EL Butter in einem großen Topf zerlassen und die Zwiebeln darin andünsten. Die Kartoffeln und die Spargelstücke zugeben und mit der Brühe ablöschen, 20 Minuten köcheln lassen. Abkühlen lassen und kalt stellen.

2 30 Minuten vor dem Servieren: Die Spargelköpfe in feine Scheiben schneiden, in der restlichen Butter (1 EL) andünsten. Die Suppe aufkochen, vom Herd nehmen und pürieren. Die Schlagsahne einrühren. Mit Salz, Pfeffer, Muskat und Zitronenschale würzen. Die Suppe warm stellen. Den Backofengrill einschalten. Die Brote toasten, mit Schinken und Käse belegen und unter dem Grill überbacken. Kurz abkühlen lassen, dann in 1–2 cm breite Streifen schneiden.

3 Zum Servieren: Die Suppe in Tassen oder Teller füllen. Die Spargelköpfe darauf verteilen. Die Käsetoast-Streifen dazu reichen.

Pro Portion: 285 kcal/1200 kJ,
12 g Kohlenhydrate, 12 g Eiweiß, 21 g Fett

Vorspeise

Fenchel-Waldorfsalat
Vegetarisch, preiswert, elegant

Vorspeise

Vorbereitung: 40 Minuten
Zubereitung: 20 Minuten

Für 10 Portionen

800 g Knollensellerie
1 Fenchelknolle
1 Zitrone, Saft
200 g Mayonnaise
200 ml Schlagsahne
Salz, Pfeffer aus der Mühle
50 g Zucker
100 g Walnusskerne
Öl zum Bepinseln
4 grünschalige Äpfel
 (z. B. Granny Smith)

1 Am Vortag: Den Sellerie schälen und in feine Streifen hobeln oder schneiden. Vom Fenchel das Grün abschneiden und beiseitelegen. Den Fenchel putzen, halbieren, den Strunk keilförmig herausschneiden. Den Fenchel in dünne Streifen hobeln. Mit dem Sellerie, Saft von ½ Zitrone, der Mayonnaise und der Schlagsahne mischen. Mit Salz, Pfeffer und 1 TL Zucker würzen. Mit Frischhaltefolie luftdicht abdecken und kalt stellen.

2 Den restlichen Zucker in einer Pfanne schmelzen und karamellisieren lassen. Die Walnüsse unterrühren. Alles auf ein geöltes Stück Alufolie geben und auskühlen lassen. Trocken aufbewahren.

3 1 Stunde vor dem Servieren: Den Salat abschmecken. Die Äpfel waschen, vierteln, die Kerngehäuse entfernen und die Äpfel in dünne Blättchen hobeln. Mit dem übrigen Zitronensaft mischen und unter den Salat heben. Die karamellisierten Walnüsse grob hacken. Den Salat in Schüsselchen oder Gläser füllen, mit den Walnüssen und dem gehackten Fenchelgrün bestreuen.

Pro Portion: 270 kcal/1140 kJ,
17 g Kohlenhydrate, 5 g Eiweiß, 21 g Fett

Dekotipp

Hasenparade
Bei einer so bezaubernden Dekoration schmeckt das Essen doppelt gut. Zu einem Osterbuffet gehören natürlich Hasen. Die können aus Keramik sein oder aus Tonpapier und zur Girlande gebunden. Frühlingsfrische verbreitet eine Vase mit filigranen Zweigen und bunten Eiern.

Österliche Spinatquiche
Vegetarisch – schmeckt warm und kalt

Hauptgericht

Vorbereitung: 90 Minuten
Zubereitung: 30 Minuten
Backzeit: ca. 90 Minuten

Für 1 Springform
(26 cm Durchmesser)
Ergibt 10 Stücke

500 g Tiefkühl-Blattspinat
500 g Mehl und
   Mehl für die Arbeitsfläche
10–12 EL Olivenöl
Salz
1 Brötchen vom Vortag
100 g Hartkäse (z. B. Grana
   Padano), frisch gerieben
300 g Ziegenfrischkäse,
   ersatzweise Doppelrahmfrischkäse
8 frische Eier
geriebene Muskatnuss
3–4 EL Butter
Pfeffer aus der Mühle
Fett für die Form

1 Am Vortag: Den Spinat auftauen lassen. Das Mehl mit 2 EL Öl, ½ TL Salz und etwa 250 ml Wasser verkneten. Den Teig auf der bemehlten Arbeitsfläche 10 Minuten durchkneten. In 12 Stücke teilen und diese zu Kugeln formen. Auf ein bemehltes Tuch legen, mit einem feuchten Tuch abdecken, 1 Stunde ruhen lassen.

2 Den Spinat fein hacken und salzen. Das Brötchen in etwas Wasser einweichen, dann ausdrücken, mit 3 EL geriebenem Käse, dem Frischkäse in etwas Wasser und 2 Eiern verrühren. Mit Salz und Muskat würzen. Den Spinat unterrühren.

3 Nacheinander 6 Teigkugeln auf bemehlter Fläche zu Kreisen ausrollen. Mit den Händen vorsichtig in alle Richtungen noch dünner ausziehen. Eine Teigplatte in die gefettete Springform legen, den Rand etwa 1 cm über die Form lappen lassen, den Teig mit Öl bepinseln. Die 5 ausgerollten Teigplatten einölen und darauflegen. Die Spinatmasse darauf verteilen. Mit dem Löffelrücken 6 Vertiefungen hineindrücken. Jeweils 1 TL Butter hineingeben. Je 1 Ei vorsichtig aufschlagen (das Eigelb muss intakt bleiben) und in die Vertiefung setzen. Die Eier salzen, pfeffern und mit dem restlichen Käse bestreuen.

4 Den Ofen auf 180 Grad (Umluft 160 Grad) vorheizen. Die anderen 6 Teigkugeln wie unter Schritt 3 beschrieben ausrollen, einpinseln und auf die Spinatmasse legen. Die restliche Butter zerlassen und die Teigränder damit bepinseln. Die überlappenden Teigränder nach innen einrollen, andrücken. Die Teigoberfläche mit Butter bepinseln. In den Teigdeckel mit einem Holzspieß Löcher stechen, damit der Dampf entweichen kann (vorsichtig, damit die Eigelbe nicht auslaufen!). Die Quiche im Ofen etwa 80 Minuten backen. Auskühlen lassen. Zugedeckt kalt stellen.

5 30 Minuten vor dem Servieren: Die Spinatquiche bei 180 Grad (Umluft 160 Grad) etwa 20 Minuten aufbacken.

Pro Stück: 540 kcal/2270 kJ,
39 g Kohlenhydrate, 19 g Eiweiß, 34 g Fett

Lammbraten mit Zitrone
Ein würziges Erlebnis – rustikal und edel

Vorbereitung: 40 Minuten
Bratzeit: ca. 3 Stunden

Für 10 Portionen

1 Knoblauchknolle
800 g Karotten
1,2 kg Kartoffeln
2 Stangen Lauch (700 g)
Salz, Pfeffer aus der Mühle
4–5 EL Olivenöl
1 unbehandelte Zitrone
2 Lammkeulen ohne Knochen, à ca. 1,2 kg (beim Metzger vorbestellen)
1 Bund Estragon
400 ml Weißwein, ersatzweise Instant-Brühe

1 4 Stunden vor dem Servieren: Den Knoblauch schälen. Die Karotten putzen, schälen und schräg in Scheiben schneiden. Die Kartoffeln schälen, waschen und in Spalten schneiden. Den Lauch putzen, waschen und schräg in Scheiben schneiden. Alles mit Salz, Pfeffer und 3 EL Öl vermischen. Die Zitrone heiß waschen, trocknen und in Scheiben schneiden.

2 Das Lammfleisch abbrausen, trocken tupfen, salzen und pfeffern. Die Keulen mit der Hälfte des Estragons und den Zitronenscheiben belegen, mit Küchengarn zubinden. Das Lamm mit dem restlichen Öl (1–2 EL) beträufeln und in einem Bräter rundum anbraten.

3 Gut 3 Stunden vor dem Servieren: Den Backofen auf 180 Grad (Umluft 160 Grad) vorheizen. Das Gemüse und den Knoblauch auf ein tiefes Backblech verteilen. Die Lammkeulen daraufsetzen und mit Wein oder Brühe begießen. Alles mit Alufolie gut abdecken. Das Blech ins untere Drittel des Ofens schieben alles 2 Stunden schmoren. Die Alufolie entfernen und weitere 45–60 Minuten braten.

4 Zum Servieren: Das Lamm herausnehmen, in Alufolie wickeln und kurz ruhen lassen. Das Gemüse mit Salz und Pfeffer abschmecken. Den restlichen Estragon fein hacken und unterheben. Das Lamm in Scheiben schneiden und mit dem Gemüse anrichten.

Pro Portion: 670 kcal/2820 kJ
26 g Kohlenhydrate, 41 g Eiweiß, 41 g Fett

Palatschinken mit Fruchtkompott
Mit erfrischender Quark-Früchte-Füllung

Vorbereitung: 60 Minuten
Zubereitung: 20 Minuten

Für 10 Portionen

Für die Palatschinken:
300 g Mehl
4 Eier
250 ml Milch
250 ml Mineralwasser mit Kohlensäure
Butterschmalz zum Braten
1 kg Sahnequark
ca. 50 g Zucker
1 unbehandelte Zitrone, abgeriebene Schale

Für das Fruchtkompott:
4 Stangen Rhabarber (ca. 400 g)
600 g Erdbeeren
1 Vanilleschote
1–2 EL Speisestärke
flüssiger Honig zum Beträufeln
Puderzucker zum Bestäuben
Minzeblättchen zum Garnieren, nach Belieben

1 Am Vortag: Das Mehl mit den Eiern und der Milch glatt rühren. Das Mineralwasser unterrühren. Den Teig 30 Minuten ruhen lassen. Aus dem Teig im heißen Schmalz nacheinander 10 Pfannkuchen backen. Auskühlen lassen, zwischen Pergamentpapier geschichtet zugedeckt kalt stellen. Den Quark mit circa 50 g Zucker und etwas Zitronenschale abschmecken. Zugedeckt kalt stellen.

2 Den Rhabarber putzen, waschen und in 1 cm dünne Scheiben schneiden. Die Erdbeeren waschen, putzen und halbieren. Die Vanilleschote längs aufschneiden und das Mark herausschaben. Den Rhabarber mit dem Zucker, 100 ml Wasser sowie Vanillemark und -schote aufkochen, 5 Minuten köcheln lassen. Die Speisestärke mit 2 EL Wasser anrühren, in das Kompott rühren, aufkochen. Die Schote entfernen und die Erdbeeren unterheben. Das Kompott zugedeckt kalt stellen.

3 10 Minuten vor dem Servieren: Die Pfannkuchen nacheinander in der Pfanne in etwas Schmalz kurz erwärmen, mit Honig beträufeln. Die Hälfte des Kompotts locker unter den Quark rühren. Jeden Pfannkuchen mit 4–5 EL der Quarkmischung füllen, einrollen, halbieren und anrichten. Übriges Kompott dazu reichen. Die Palatschinken mit Puderzucker bestäuben und nach Belieben mit Minze garnieren.

Pro Portion: 360 kcal/1520 kJ
40 g Kohlenhydrate, 16 g Eiweiß, 14 g Fett

Genießen Sie die Spargelzeit

Die Spargelsaison beginnt. Ein guter Grund, ein Fest zu feiern, bei dem das feine Gemüse – raffiniert zubereitet – im Mittelpunkt steht.

Das Menü
Für 8 Personen

Aperitif
Gurken-Mojito

Vorspeise: Dreierlei von Spargel
Spargelsuppe mit Jakobsmuscheln
Spargel-Erdbeer-Salat
Schinkentatar mit Kräuterspargel

Hauptgericht:
Kräuter-Roastbeef mit Ofenspargel
und Gewürzkartoffeln

Dessert
Erdbeeren mit Praliné-Sahne

Der Zeitplan zum Buffet

Am Vortag
Spargel schälen und vorbereiten. In feuchte Küchentücher wickeln und im Gemüsefach des Kühlschranks lagern.
Praliné-Sahne für das Dessert vorbereiten.

Am Morgen der Einladung
Spargelsuppe, Salat und Kräuterspargel für die Vorspeise vorbereiten. Spargel, Kartoffeln, Saucen, Roastbeef und Erdbeeren vorbereiten.

3–4 Stunden vor dem Servieren
Braten in den 80 Grad heißen Ofen schieben.

1 Stunde vor dem Servieren
Backofen auf 200 Grad vorheizen, Spargel darin garen. Kartoffeln braten.

Zum Servieren
Vorspeisen auf Tellern anrichten, servieren.
Roastbeef aufschneiden, mit Saucen, Kartoffeln und Spargel anrichten.
Nach dem Hauptgang das Dessert servieren.

Gurken-Mojito
Ein spritziger Rum-Cocktail zur Begrüßung

Aperitif

Für 8 Gläser

½ Salatgurke
5 unbehandelte Limetten
5 EL brauner Zucker
200 ml weißer Rum
Eiswürfel
Zitronenmelisseblättchen
1 Flasche Mineralwasser

Die Salatgurke waschen und in dünne Scheiben schneiden. Die Limetten heiß waschen, trocknen und mit einem Sparschäler 8 Zesten abschälen. Die Limetten auspressen. Den Saft mit dem braunen Zucker und dem Rum gut verrühren. In 8 Cocktailgläser mit Eiswürfeln verteilen. Die Gurkenscheiben, die Limettenzesten und die Zitronenmelisseblättchen dazugeben, mit Mineralwasser auffüllen und umrühren. Gurken-Mojito servieren.

Deko mit Charme
Helle Töne und zarte Frühlingsboten wie Tulpen und Ginster zeigen, dass die nasskalten Tage endgültig vorbei sind. Sie können die Blüten einzeln arrangieren oder in einem üppigen Strauß.

Dekotipp

Blütenkränze
Ginsterzweige als »Serviettenring« – damit's besser hält, vorher noch ein Band um die Stoffservietten wickeln.

Menükarten
Aus farbigem Karton mit einer Zackenschere Karten ausschneiden und mit Buchstaben-Stempeln das Menü aufdrucken.

Spargelsuppe mit Jakobsmuscheln
Fein und edel

Vorbereitung: 30 Minuten
Zubereitung: 20 Minuten

**Für 8 kleine Vorspeisen-
   portionen**

250 g grüner Spargel
1 Zwiebel
1 kleine Kartoffel
1 EL Butter
500 ml Geflügelfond
   (aus dem Glas, ersatzweise
   Instant-Brühe)
100 ml Schlagsahne
Salz, Pfeffer aus der Mühle
3 EL Haselnussöl
8 ausgelöste Jakobsmuscheln
   (frisch oder tiefgekühlt)

1 Am Vortag: Den Spargel waschen, das untere Drittel schälen, holzige Enden wegschneiden. Die Spargelköpfe abschneiden, den übrigen Spargel in Stücke schneiden. Den Spargel in ein feuchtes Küchentuch wickeln und kalt stellen.

2 Am Morgen der Einladung: Die Zwiebel schälen und würfeln. Die Kartoffel schälen, waschen und ebenfalls würfeln. Die Zwiebel- und Kartoffelwürfel und die Spargelstücke in der Butter dünsten. Den Fond und die Schlagsahne angießen, 10 Minuten köcheln lassen. Die Suppe pürieren und mit Salz und Pfeffer würzen. Alles zugedeckt kalt stellen.

3 Zum Servieren: Die Suppe erwärmen und abschmecken. Die Spargelköpfe in 2 EL Öl 5 Minuten braten. Die Muscheln abbrausen, trocken tupfen, würzen und in dem restlichen Öl (1 EL) 1–2 Minuten von jeder Seite braten. Die Muscheln auf Spieße stecken. Die Suppe in Gläser füllen, die Spargelköpfe hineingeben und die Spieße auflegen. Die Suppengläser auf Tellern mit Salat und Tatar anrichten.

Pro Portion: 180 kcal/760 kJ
4 g Kohlenhydrate, 9 g Eiweiß, 5 g Fett

Vorspeise

Spargel-Erdbeer-Salat
Leicht und bunt Abbildung Seite 28

Vorbereitung: 30 Minuten
Zubereitung: 10 Minuten

Für 8 kleine Vorspeisenportionen

250 g weißer Spargel
1 Bund Rucola
200 g Erdbeeren
6 EL Sherryessig
Honig
Salz, Pfeffer aus der Mühle
1 TL eingelegte grüne Pfefferkörner
6 EL Haselnussöl

1 Am Vortag: Den Spargel waschen, schälen und holzige Enden abschneiden. Den Spargel in ein feuchtes Küchentuch wickeln und kalt stellen.

2 Am Morgen der Einladung: Den Spargel in Stücke schneiden. Den Rucola waschen, putzen und trocken schütteln. Die Erdbeeren waschen, putzen und in Scheiben schneiden. Den Essig mit Honig, Salz und Pfeffer verrühren. Die Pfefferkörner hacken und unterrühren. Das Öl unterschlagen. Die Erdbeeren dazugeben. Alles zugedeckt kalt stellen.

3 Zum Servieren: Den Rucola mit den Erdbeeren und dem Spargel mischen, auf Tellern mit Suppe und Tatar anrichten.

Pro Portion: 90 kcal/380 kJ
4 g Kohlenhydrate, 1 g Eiweiß, 7 g Fett

Dekotipp

Zarte Pracht
Für Frühlingsstimmung Flaschen mit bunten Klebebändern (Masking Tape) verzieren und schlanke Sträuße hineinstellen.

Platzkörbchen
Binden Sie Namensschilder an mit Kresse gefüllte Minkörbe – und schon weiß jeder, wo er sitzt.

Schinkentatar mit Kräuterspargel

Einfach – würzig Abbildung Seite 28

Vorbereitung: 35 Minuten
Zubereitung: 15 Minuten

Für 8 kleine Vorspeisenportionen

250 g grüner oder weißer Spargel
150 g roher Schinken
1 getrocknete Aprikose
3 EL Öl
Salz
1 Bund gemischte Kräuter (z. B. Petersilie, Kerbel, Thymian)
80 ml Aceto balsamico
2 TL Honig

1 Am Vortag: Den Spargel waschen, putzen, schälen, in ein feuchtes Küchentuch wickeln und kalt stellen.

2 Am Morgen der Einladung: Den Schinken und die Aprikose fein würfeln und mit 2 EL Öl vermischen. Den Spargel in wenig Salzwasser 5–7 Minuten garen, dann herausnehmen. Die Kräuter waschen und trocken schütteln, die Blätter abzupfen und fein hacken. Den Spargel mit dem restlichen Öl (1 EL) und den Kräutern mischen. Den Essig mit dem Honig 5 Minuten einköcheln lassen. Alles zugedeckt kalt stellen.

3 Zum Servieren: Vom Tatar mit einem Löffel Nocken abstechen, mit den Kräuterspargelstangen auf großen Tellern zusammen mit der Suppe und dem Salat anrichten.

Pro Portion: 80 kcal/340 kJ
4 g Kohlenhydrate, 5 g Eiweiß, 5 g Fett

Vorspeise

Kräuter-Roastbeef
Lässt sich gut vorbereiten

Vorbereitung: 20 Minuten
Bratzeit: ca. 3 Stunden

Für 8 Portionen

- Ca. 1,6 kg Roastbeef (ca. 5 cm dick; gut abgehangen; beim Metzger vorbestellen)
- Salz, Pfeffer aus der Mühle
- 1 Bund Thymian
- 4 Zweige Rosmarin
- 2–3 EL Butterschmalz

1 Am Morgen der Einladung: Nehmen Sie das Fleisch 1 Stunde vor dem Anbraten aus dem Kühlschrank, sonst ist es innen zu kalt und gart nur sehr langsam. Das Fleisch abbrausen, von Fett und Sehnen befreien, salzen und pfeffern. Die Kräuter waschen und trocken schütteln. Von 8 Thymian- und 2 Rosmarinzweigen Blättchen bzw. Nadeln abzupfen und hacken. Das Fleisch damit einreiben, dann zugedeckt kalt stellen.

2 4 Stunden vor dem Servieren: Den Backofen auf 80 Grad (Umluft nicht geeignet) vorheizen. Das Roastbeef in einem Bräter auf der mittleren Schiene circa 3 Stunden braten. Falls vorhanden, mit einem Bratenthermometer messen: Die Kerntemperatur sollte 60 Grad betragen. Den Braten herausnehmen, in Alufolie wickeln und beiseitestellen (dann kann der Spargel im Ofen garen, siehe Rezept Seite 34). Das Roastbeef kann später warm oder kalt serviert werden.

3 Zum Servieren: Das Roastbeef dünn aufschneiden und mit dem Ofenspargel und den Gewürzkartoffeln servieren.

Pro Portion: 290 kcal/1220 kJ
0 g Kohlenhydrate, 45 g Eiweiß, 13 g Fett

Ofenspargel und Gewürzkartoffeln
Lässt sich gut vorbereiten Abbildung Seite 33

Vorbereitung: 20 Minuten
Zubereitung: 45 Minuten

Für 8 Portionen

Für den Spargel:
4 kg weißer Spargel
2 EL Butter
Salz, Pfeffer aus der Mühle
2 TL Zucker
1 unbehandelte Zitrone
1 Bund gemischte Kräuter
  (z. B. Petersilie, Dill, Kerbel,
  Estragon, Borretsch)

Für die Ofenkartoffeln:
1½ kg festkochende
  Kartoffeln
je 2 TL Kümmel- und
  Koriandersamen
1 EL schwarze Pfefferkörner
2 EL grobes Salz
6 EL Olivenöl

1 Am Vortag: Den Spargel waschen und schälen, die Enden abschneiden. Den Spargel in ein feuchtes Küchentuch wickeln, kalt stellen.

2 Am Morgen der Einladung: Die Fettpfanne des Backofens mit der Butter ausstreichen. Den Spargel mit Salz, Pfeffer und Zucker würzen und hineinlegen. Die Zitrone waschen, trocknen und in Scheiben schneiden. Die Kräuter waschen, trocken schütteln und mit den Zitronenscheiben auf dem Spargel verteilen. Die Pfanne mit Alufolie abdecken, die Ränder verschließen.

3 Die Kartoffeln waschen und fächerartig einschneiden bzw. halbieren. Die Gewürze mit dem Salz in einem Mörser etwas zerstoßen und auf die Kartoffeln geben. Das Öl darüberträufeln. Kalt stellen.

4 1 Stunde vor dem Servieren: Den Ofen auf 200 Grad (Umluft 180 Grad) vorheizen. Den Spargel im vorgeheizten Ofen 45 Minuten garen. Die Kartoffeln in zwei großen Pfannen in circa 30 Minuten gar braten. Ab und zu wenden.

5 Zum Servieren: Den Spargel und die Kartoffeln anrichten und mit dem Roastbeef servieren.

Pro Portion: 335 kcal/1410 kJ
39 g Kohlenhydrate, 13 g Eiweiß, 12 g Fett

Kerbelbutter und Kressesauce

Das Tüpfchen auf dem i Abbildung Seite 33

Vorbereitung: 20 Minuten
Zubereitung: 30 Minuten

Für 8 Portionen

Für die Kerbelsauce:
1 Knoblauchzehe
½ Vanilleschote
250 g Butter
1 Bund Kerbel

Für die Kressesauce:
30 g Butter
30 g Mehl
300 ml Gemüsefond, ersatzweise Instant-Brühe
300 ml Milch
Salz, Pfeffer aus der Mühle, geriebene Muskatnuss
1 unbehandelte Zitrone, abgeriebene Schale
250 g Mascarpone
1 Kästchen Kresse

1 Am Morgen der Einladung: Den Knoblauch schälen und in Scheiben schneiden. Die Vanilleschote längs aufschneiden, das Mark herausschaben und die Schote in 3–4 Stücke teilen. Alles mit der Butter erhitzen und 5 Minuten ziehen lassen. Den Kerbel waschen und trocknen. Die Hälfte des Kerbels in die Butter geben und darin ziehen lassen. Die Kerbelbutter beiseitestellen.

2 Für die Kressesauce die Butter zerlassen. Das Mehl einrühren und unter Rühren 5 Minuten anschwitzen. Den Fond angießen, unter Rühren aufkochen. Die Milch einrühren und erneut aufkochen. Mit Salz, Pfeffer, Muskat und Zitronenschale würzen. Zugedeckt beiseitestellen.

3 Zum Servieren: Die Kerbelbutter durch ein Sieb gießen und erwärmen. Die restlichen Kerbelblättchen abzupfen, fein hacken und unterheben. Die Kressesauce langsam erwärmen, eventuell etwas Spargelfond dazugeben. Den Mascarpone einrühren. Die Kresse vom Beet schneiden, waschen, trocknen, die Hälfte unterrühren, den Rest darüberstreuen. Beide Saucen in Saucieren zu Spargel und Roastbeef servieren.

Pro Portion:
Kerbelbutter: 230 kcal/970 kJ, 1 g Kohlenhydrate, 1 g Eiweiß, 26 g Fett
Kressesauce: 195 kcal/820 kJ, 6 g Kohlenhydrate, 3 g Eiweiß, 17 g Fett

Hauptgericht

Erdbeeren mit Praliné-Sahne
Bei Kindern beliebt

Vorbereitung: 30 Minuten
Zubereitung: 20 Minuten

Für 8 Portionen

200 g Schichtnougat
   (z. B. von Lindt)
400 ml Schlagsahne
1 kg Erdbeeren
2 Orangen, Saft
4 EL Holunderblütensirup
8 Nougatpralinen
Schokosauce (Fertigprodukt)
8 Keksröllchen, nach Belieben

1 Am Vortag: Das Schichtnougat in einem Topf bei kleiner Hitze schmelzen. Die Sahne einrühren und erwärmen, bis sich alles gelöst hat. Die Nougatsahne zugedeckt über Nacht kalt stellen.

2 Am Morgen der Einladung: Die Erdbeeren waschen, putzen und vierteln. Den Orangensaft mit dem Holunderblütensirup aufkochen und über die Erdbeeren gießen. Zugedeckt kalt stellen.

3 Zum Servieren: Die Nougatsahne mit den Schneebesen des Handrührgeräts cremig aufschlagen. Die Pralinen halbieren. Die Erdbeeren in Gläser oder Schälchen verteilen, mit der Praliné-Sahne, den Pralinenhälften, der Schokosauce und nach Belieben den Keksröllchen garniert servieren.

Pro Portion: 440 kcal/1850 kJ
40 g Kohlenhydrate, 6 g Eiweiß, 28 g Fett

Küchenparty mit Pasta

Mit dieser Idee liegen Sie voll im Trend: Gemeinsam mit Ihren Gästen kochen – und zwar vegetarisch! Das macht Spaß. Und alle werden staunen, wie gut das Essen schmeckt.

Vegetarisches Menü für 6 Personen

Aperitif
Campari-Cocktail

Vorspeise
Bohnen-Oliven-Salat mit pochiertem Ei

Hauptgerichte
Pasta mit Kräuter-Gemüse-Sauce
Ziegenfrischkäse-Ravioli

Dessert
Geeiste Zitronencreme mit Himbeeren

Bohnen-Oliven-Salat mit pochiertem Ei

Der Zeitplan zum Menü

Am Vortag
Küche auf- und Arbeitsflächen freiräumen. Geräte, die nicht gebraucht werden, am besten in den Schränken verstauen.

2 Stunden bevor die Gäste kommen
Nudelteig zubereiten.

Wenn die Gäste da sind
Bei einem Cocktail kann man gemeinsam überlegen, wer welches Gericht kochen möchte. Das Dessert muss mindestens 1 Stunde kalt gestellt werden, deshalb ist es zuerst an der Reihe. Dann folgen die beiden Nudelgerichte und der Salat. Wer gerade nichts zu tun hat, kann beim Tischdecken, Abwaschen oder Einschenken der Getränke helfen.

Wer mit anderen kocht, sollte auf folgende Punkte achten:
- Schaffen Sie genügend Platz – vor und auf den Arbeitsflächen.
- Legen Sie Zutaten und Rezepte im Vorfeld bereit.
- Nehmen Sie es gelassen, wenn jemand nicht mitkochen will. Vielleicht mag er den Tisch decken oder sich um die Getränke kümmern.

Campari-Cocktail
Ein fruchtiger Cocktail zur Einstimmung

Aperitif

Für 6 Gläser

4 Orangen
600 ml Passionsfruchtsaft (Maracujasaft)
300 ml Campari
Eiswürfel
Erdbeeren, Orangenscheiben und Minzeblättchen zum Garnieren

Die Orangen auspressen. Den Saft durch ein Sieb gießen, mit dem Maracujasaft mischen und in die Gläser verteilen. Eiswürfel dazugeben, mit je 50 ml Campari auffüllen. Mit Erdbeeren, Orangenscheiben und Minze garnieren.

Bohnen-Oliven-Salat mit pochiertem Ei

Vegetarisch, preiswert, edel Abbildung Seite 38

Vorspeise

Vorbereitung: 30 Minuten
Zubereitung: 20 Minuten

Für 6 Portionen

500 g Dicke Bohnen (grüne Bohnenkerne, frisch oder tiefgekühlt; ersatzweise weiße Bohnen aus der Dose)
Salz
1 Knoblauchzehe
3–4 Zweige Thymian
1 Zitrone, Saft
Pfeffer aus der Mühle
Honig oder Zucker zum Süßen
5–6 EL Olivenöl
1 Kopf Blattsalat (z. B. Frisée)
80 g schwarze Oliven, entsteint
1 EL Essig
6 sehr frische Eier (Größe M)
1 Baguette

1 Wenn die Gäste da sind: Die Bohnenkerne in Salzwasser circa 12 Minuten kochen, abschrecken, die weißen Häutchen entfernen. Den Knoblauch schälen und sehr fein würfeln oder durchpressen. Den Thymian waschen und trocknen, die Blättchen abzupfen und fein hacken. Den Knoblauch und den Thymian mit Zitronensaft, Salz, Pfeffer und Honig oder Zucker zu einem würzigen Dressing verrühren, abschmecken. Das Öl darunterschlagen und das Dressing mit den Bohnen mischen.

2 Den Salat waschen, putzen, trocken schleudern und klein zupfen. Zugedeckt beiseitelegen. Die Oliven abtropfen lassen.

3 Zum Servieren: Reichlich Salzwasser in einem großen Topf aufkochen und den Essig dazugeben. Die Eier einzeln in Tassen aufschlagen. Jedes Ei vorsichtig ins siedende Wasser gleiten lassen, dabei mithilfe von zwei Esslöffeln jeweils das Eiweiß um das Eigelb legen. Die Eier 4–5 Minuten pochieren, herausheben. Das Baguette in Scheiben schneiden, nach Belieben rösten. Den Salat mit den Bohnen samt Dressing und den Oliven mischen und auf Teller verteilen. Jeweils mit Ei und Baguette servieren.

Pro Portion: 315 kcal/1330 kJ
14 g Kohlenhydrate, 14 g Eiweiß, 22 g Fett

Tipp:
Sind Ihnen pochierte Eier zu aufwendig, können Sie die Eier auch 4–5 Minuten wachsweich kochen, abschrecken, schälen und auf dem Salat anrichten.

Pasta mit Kräuter-Gemüse-Sauce

Schön leicht und lecker Im Bild oben

Vorbereitung: 35 Minuten
Zubereitung: 25 Minuten

Für 6 Portionen

150 g Zwiebeln
4 Knoblauchzehen
1 gelbe Paprikaschote
1 Zucchini
1 kleine Aubergine
3–4 EL Olivenöl
1 kg Fleischtomaten
Salz, Pfeffer aus der Mühle, Zucker
1 Kräuterstrauß (Thymian, Rosmarin, Estragon, Oregano), ersatzweise ½ TL getrocknete Kräuter der Provence
1 Bund Basilikum
500 g Nudeln (z. B. Spaghetti, Penne oder Makkaroni)
2–3 EL Aceto balsamico
100 g Parmesan, frisch gerieben

1 Wenn die Gäste da sind: Die Zwiebeln und den Knoblauch schälen und fein würfeln. Die Paprika, die Zucchini und die Aubergine waschen, putzen und sehr klein würfeln. In einem großen, weiten Topf oder in einer Pfanne mit hohem Rand das Olivenöl erhitzen und Zwiebeln und Knoblauch darin unter Rühren andünsten. Die Paprika-, Zucchini- und Auberginenwürfel dazugeben und mitrösten. Die Tomaten waschen, die Stielansätze entfernen. Die Tomaten grob würfeln und samt Saft hinzufügen. Mit Salz, Pfeffer und Zucker würzen. Den Kräuterstrauß waschen und dazugeben. Alles bei kleiner Hitze circa 20 Minuten schmoren lassen.

2 Inzwischen das Basilikum waschen und trocknen. Die Blätter abzupfen und fein hacken. Reichlich Salzwasser in einem großen Topf aufkochen, die Nudeln darin nach Packungsangabe garen. Den Kräuterstrauß aus der Sauce entfernen. Die Sauce mit Salz, Pfeffer, Zucker und Essig abschmecken. Die Nudeln abgießen, dabei etwas Kochwasser auffangen. Eventuell etwas Nudelwasser unter die Sauce mischen, bis sie sämig ist.

3 Zum Servieren: Die Nudeln in eine große Schüssel füllen, die Sauce darübergeben und die Nudeln mit Basilikum bestreut servieren. Den Parmesan dazu reichen.

Pro Portion: 430 kcal/1810 kJ
67 g Kohlenhydrate, 19 g Eiweiß, 8 g Fett

Weintipp
Zu den Pastagerichten harmoniert ein trockener Chardonnay oder ein fruchtiger Rotwein.
Nicht vergessen: Mineralwasser und Softgetränke bereitstellen.

Pasta mit Kräuter-Gemüse-Sauce

Ziegenfrischkäse-Ravioli

So gelingt der Nudelteig

Nachdem der Teig für die Ravioli geruht hat, wird er – am besten portionsweise – auf einer großen, gut bemehlten Arbeitsfläche ausgerollt (falls Sie keine Nudelmaschine haben). Die übrigen Portionen zugedeckt lassen. Je dünner man den Teig ausrollt, desto zarter werden die Ravioli. Praktisch: Ein Teigrad fürs Zuschneiden – und die Ravioli bekommen hübsche Ränder.

Ziegenfrischkäse-Ravioli
Würzig gefüllt – besonders fein Abbildung Seite 43, unten

Vorbereitung: 40 Minuten (ohne Ruhezeit)
Zubereitung: 20 Minuten

Für 6 Portionen

Für den Nudelteig:
180 g Mehl und Mehl zum Arbeiten
2 Eier (Größe M)
2 EL Olivenöl
Salz

Für die Füllung:
1 Schalotte
1 kleines Bund Salbei, ersatzweise 2 TL getrockneter Salbei
1 Ei
100 g gekochte Kartoffeln vom Vortag
100 g Ziegenfrischkäse
Salz, Pfeffer aus der Mühle
50 g Butter
5 EL Olivenöl
ca. 60 g Parmesan, frisch gerieben

1 2 Stunden bevor die Gäste kommen: Für den Nudelteig das Mehl mit den Eiern, dem Öl, 1 Prise Salz und eventuell 1–2 EL kaltem Wasser mit den Händen zu einem glatten Teig verkneten. Mit feuchtem Tuch bedecken, mindestens 1 Stunde ruhen lassen.

2 Wenn die Gäste da sind: Die Schalotte schälen und fein würfeln. Den Salbei waschen, trocknen und circa ein Drittel der Blätter fein hacken. Das Ei trennen. Die Kartoffeln mit einem Kartoffelstampfer zerdrücken und mit der Schalotte, dem Salbei, dem Ziegenfrischkäse und dem Eigelb verkneten. Mit Salz und Pfeffer würzen.

3 Den Teig mit einer Nudelmaschine oder auf bemehlter Arbeitsfläche mit einer Teigrolle portionsweise sehr dünn ausrollen. In lange, etwa 10 cm breite Streifen schneiden. Die Käsemasse mithilfe eines Teelöffels in Abständen von circa 5 cm jeweils zur Hälfte auf die Streifen setzen. Die Teigränder mit Eiweiß bepinseln. Der Länge nach die andere Teighälfte über die Füllung klappen. Die Ränder, auch zwischen der Füllung, gut andrücken. Den Teig mithilfe eines Teigrädchens um die Füllung herum in Quadrate teilen. Die Ravioli auf einer bemehlten Fläche mit einem Tuch abdecken.

4 Zum Servieren: In einem großen Topf reichlich Salzwasser aufkochen. Die Ravioli in leicht köchelndem Wasser portionsweise 3–4 Minuten garen. Dann herausheben und gut abtropfen lassen. Die Butter mit dem Öl in einer Pfanne erhitzen und die Salbeiblätter darin anrösten. Die Ravioli kurz in der Salbeibutter schwenken. Mit Parmesan servieren.

Pro Portion: 440 kcal/1850 kJ
27 g Kohlenhydrate, 13 g Eiweiß, 31 g Fett

Geeiste Zitronencreme mit Himbeeren
Einfach, erfrischend

Zubereitung: 40 Minuten
Kühlzeit: mindestens 60 Minuten

Für 6 Portionen

4 sehr frische Eier (Größe M)
120 g Zucker
1 Päckchen Bourbon-Vanillezucker
abgeriebene Schale von 2–3 unbehandelten Zitronen und Saft von 1 Zitrone
3 EL Zitronenlikör (Limoncello), nach Belieben
200 ml Schlagsahne
400 g Himbeeren, frisch oder tiefgekühlt
Puderzucker
Melisseblättchen zum Garnieren
Kekse zum Servieren, nach Belieben

1 Wenn die Gäste da sind: Die Eier trennen. Die Eigelbe mit dem Zucker, dem Vanillezucker, der Zitronenschale und nach Belieben dem Likör dickschaumig aufschlagen. Das Eiweiß mit dem Zitronensaft cremig aufschlagen. Die Schlagsahne steif schlagen. Erst den Eischnee unter die Eigelbcreme ziehen, dann die Schlagsahne vorsichtig unterheben.
Die Creme in kleine Tassen oder Dessertschalen füllen und 60–90 Minuten tiefkühlen.

2 Die Himbeeren verlesen oder auftauen lassen. Einige zum Garnieren beiseitelegen. Die restlichen Himbeeren pürieren, durch ein Sieb streichen und mit Puderzucker abschmecken. Das Püree zugedeckt kalt stellen.

3 Zum Servieren: Die Eiscreme mit dem Himbeerpüree, den beiseitegelegten Beeren und Melisseblättchen garnieren oder das Püree mit Himbeeren getrennt dazu reichen. Nach Belieben Kekse dazu reichen.

Pro Portion: 315 kcal/1330 kJ
29 g Kohlenhydrate, 7 g Eiweiß, 17 g Fett

Einfach, aber nett
Besteck in bunte Papiertütchen wickeln und bereitlegen – dann kann sich jeder selbst bedienen.

Vegetarisches Verwöhn-Buffet

*Vegetarische Gerichte werden immer beliebter.
Aber bieten Sie genügend Vielfalt für ein ganzes Buffet?
Diese fantasievollen Rezepte beweisen es.
Wählen Sie Ihre Favoriten – Sie werden begeistert sein!*

Passionsfrucht-Daiquiri

Orientsalat mit gerösteten Mandeln

Sie haben die Wahl

Für ein 10-Personen-Buffet reichen drei Vorspeisen, zwei Hauptgerichte und ein Dessert.

Aperitif
Passionsfrucht-Daiquiri

Vorspeisen, kleine Gerichte
Chili-Käse-Muffins
Orientsalat mit gerösteten Mandeln
Hausgemachtes Gewürzbaguette
Avocado-Frischkäse-Terrine
Herzhafter Paprikapesto
Curry-Kokos-Suppe
Auberginen-Rucola-Sandwich

Hauptgerichte
Tomaten-Bohnen-Quiche
Mais-Crêpes mit Spargel
Muschelnudeln mit Gemüseragout

Dessert
Käsekuchenmousse mit frischen Beeren

Chili-Käse-Muffins

Herzhafter Paprikapesto

Avocado-Frischkäse-Terrine

Kleine Extras für den großen Erfolg

Der Zeitplan zum Buffet

Am Vortag
Paprikapesto und Gewürzbaguette zubereiten. Passionsfrucht-Daiquiri und ausgewählte Vorspeisen vor- bzw. zubereiten. Tomaten-Bohnen-Quiche und Käsekuchenmousse zubereiten.

Am Morgen der Einladung
Ausgewählte Vorspeisen vor- bzw. zubereiten. Beeren für das Dessert verlesen.

2 Stunden vor dem Servieren
Auberginen fürs Sandwich braten, falls verwendet.

1 Stunde vor dem Servieren
Backofen vorheizen und Quiche aufbacken. Pasta kochen und füllen, falls verwendet.

Muschelnudeln mit Gemüseragout

Zum Servieren

Alles falls nötig nochmals abschmecken bzw. fertigstellen. Die Gerichte auf Platten, Etageren oder in Schüsseln auf dem Buffet anrichten. Die gefüllten Muschelnudeln kurz vor dem Servieren überbacken. Sandwiches belegen, falls verwendet.

Auberginen-Rucola-Sandwich

Curry-Kokos-Suppe

Tomaten-Bohnen-Quiche

Passionsfrucht-Daiquiri
Ein exotischer Auftakt für schöne gemeinsame Stunden

Aperitif

Für 10 Gläser

800 ml Passionsfruchtnektar (Maracujanektar)
350 ml brauner Rum
250 ml Limettensaft
150 ml Zuckersirup
Minzeblättchen und Beeren zum Garnieren, nach Belieben

1 1–2 Tage vorher: Den Passionsfruchtnektar in einen Gefrierbeutel gießen, diesen verschließen und möglichst flach mindestens über Nacht tiefkühlen.

2 Zum Servieren: Den gefrorenen Nektar herausnehmen, in Stücke brechen. Mit dem Pürierstab oder im Mixer zusammen mit dem Rum, dem Limettensaft und dem Zuckersirup mixen. In Cocktailgläser füllen, mit Minze und Beeren nach Belieben garnieren und mit Strohhalm servieren.

Dekotipp

Blumen-Blickfang
Einzelne Blumen in verschieden große, helle und dunkle Glasflaschen geben und zum Beispiel in und um ein Holztablett gruppieren.

Schöne Stapelware
Mit selbstgebauten Etageren aus Tellern, Tassen und Schüsseln kann man auf dem Tisch auf hübsche Art Platz schaffen und zum Beispiel die Muffins darauf anrichten.

52 | Vegetarisches Buffet

Herzhafter Paprikapesto

Hausgemachtes Gewürz-Baguette

Chili-Käse-Muffins
Lassen sich gut vorbereiten

Vorbereitung: 30 Minuten
Backzeit: ca. 20 Minuten

Für 12 Stück

80 g Butter und weiche Butter für die Förmchen
200 g Mehl
50 g Maisgrieß (Polenta)
2 TL Backpulver
1 TL Salz
¼ TL Cayennepfeffer
2 Prisen Zucker
2 Eier (Größe M)
250 ml Buttermilch
3 EL geriebener Cheddar oder anderer Käse
3 EL Chiliringe (Jalapeños), frisch oder aus dem Glas, gut abgetropft
200 g Crème fraîche (Schmand)

1 Am Morgen der Einladung: Den Backofen auf 200 Grad (Umluft 180 Grad) vorheizen. Jeweils zwei Papierförmchen ineinanderstellen, in die Mulden eines Muffinblechs verteilen und buttern. 80 g Butter zerlassen. Das Mehl mit Maisgrieß, Backpulver, Salz, Cayennepfeffer und Zucker mischen. Die flüssige Butter mit Eiern, Buttermilch, Käse und Chiliringen verrühren.

2 Die Mehlmischung unter die Buttermilchmasse rühren, bis alles gut vermengt ist. Den Teig in die Förmchen füllen. Im vorgeheizten Ofen etwa 20 Minuten backen.

3 Zum Servieren: Die Muffins warm oder kalt servieren und die Crème fraîche dazu reichen.

Pro Stück: 215 kcal/910 kJ
17 g Kohlenhydrate, 5 g Eiweiß, 13 g Fett

Vorspeise

Tipp: Muffins einfrieren
Wer vorausplant, kann die Muffins schon am Wochenende vorher backen und gut ausgekühlt in einem Gefrierbeutel einfrieren. Vor der Einladung über Nacht bei Zimmertemperatur auftauen lassen und im Ofen bei 100 Grad etwa 10 Minuten aufbacken.

Vegetarisches Buffet

Orientsalat mit gerösteten Mandeln
Kernig-knackig und raffiniert Abbildung Seite 48

Vorspeise

Vorbereitung: 40 Minuten
Zubereitung: 30 Minuten

Für 10 Portionen

250 g Quinoa, ersatzweise Bulgur
Salz
je 2 gelbe und rote Paprikaschoten
2 Zucchini (600 g)
ca. 12 EL Olivenöl
Pfeffer aus der Mühle
1 Bund Frühlingszwiebeln
1 Dose Kichererbsen (Abtropfgewicht 265 g)
300 g frischer Blattspinat
200 g Mandelkerne, ungeschält
4 Limetten, Saft
Honig
eventuell 50 g Parmesan, in Späne gehobelt

1 Am Vortag: Das Quinoa in 750 ml Salzwasser 15–20 Minuten gar kochen, abgießen und abtropfen lassen. Den Backofen auf 220 Grad (Umluft 200 Grad) vorheizen. Die Paprikaschoten putzen, entkernen, waschen und in Stücke schneiden. Die Zucchini waschen, putzen und schräg in dünne Scheiben schneiden. Beides mit 3–4 EL Öl vermischen, auf einem mit Backpapier belegten Blech verteilen und im Ofen 25 Minuten rösten. Herausnehmen, salzen und pfeffern und zugedeckt kalt stellen.

2 Am Morgen der Einladung: Die Frühlingszwiebeln waschen, putzen und in Ringe schneiden. Die Kichererbsen abbrausen und abtropfen lassen. Den Spinat waschen und putzen. Die Mandeln in einer Pfanne in 1 EL Öl kurz rösten, salzen und herausnehmen. Den Limettensaft mit Salz, Pfeffer und Honig abschmecken, das verbleibende Öl (ca. 7 EL) unterschlagen. Alles zugedeckt beiseitestellen.

3 Zum Servieren: Das Quinoa mit Gemüse, Dressing, Frühlingszwiebeln und Spinat locker mischen. Auf einer Platte anrichten, mit Parmesan nach Belieben und mit Mandeln bestreuen.

Pro Portion: 405 kcal/1710 kJ
25 g Kohlenhydrate, 13 g Eiweiß, 27 g Fett

Hausgemachtes Gewürzbaguette
Pikant-würzig Abbildung Seite 54

Für ca. 8 kleine Baguettes

Eine Backmischung für Bauernbrot nach Packungsangabe zubereiten. Je 1 TL Koriandersamen, Kümmel, Anis und geschroteten Pfeffer in einer Pfanne ohne Fett rösten und unter den Teig kneten. Aus dem Teig Stangen formen und nach Packungsangabe backen.

Avocado-Frischkäse-Terrine
Am besten am Vortag zubereiten, dann lässt sie sich gut schneiden Abbildung Seite 49

Vorspeise

Vorbereitung: 20 Minuten
Zubereitung: 20 Minuten
  (ohne Kühlzeit)

Für 1 Kastenform
  (ca. 2 l Inhalt)

Ergibt 10 Portionen

3 Avocados
1 unbehandelte Zitrone, Saft und abgeriebene Schale
Salz, Pfeffer aus der Mühle
8 Blatt Gelatine
200 ml Schlagsahne
300 g gehäutete Paprika, in Öl eingelegt (Fertigprodukt)
450 g Doppelrahm- oder Ziegenfrischkäse
300 g Crème fraîche (Schmand)

1 Am Vortag: Die Form mit Frischhaltefolie auslegen. Die Avocados halbieren, den Stein entfernen, das Fruchtfleisch herauslösen. Ein Drittel davon klein würfeln, den Rest pürieren, mit 2 EL Zitronensaft, Salz und Pfeffer würzen. Die Avocadowürfel unterheben. Die Gelatine in kaltem Wasser einweichen. 50 ml Sahne erwärmen und die Gelatine darin auflösen. 4 EL der Gelatine-Sahne-Mischung unter die Avocadocreme rühren, diese in die Form geben und glatt streichen.

2 Die Paprika abgießen, trocken tupfen, die Hälfte davon auf die Avocadocreme in die Form legen. Die übrige Sahne steif schlagen. Den Frischkäse erst mit der Crème fraîche, dann mit der geschlagenen Sahne verrühren. Mit Salz, Pfeffer und Zitronenschale würzen. Etwas Käsemasse unter die restliche Gelatine-Sahne-Mischung rühren, dann alles unter die Käsemasse mischen. Die Hälfte der Masse in der Form verstreichen. Mit den restlichen Paprika belegen und die restliche Masse daraufstreichen. Zugedeckt kalt stellen.

3 Zum Servieren: Die Terrine stürzen, die Folie abziehen und die Terrine mit einem großen, scharfen Messer in Scheiben schneiden.

Dazu passt: Paprikapesto.

*Pro Portion: 600 kcal/2520 kJ
7 g Kohlenhydrate, 17 g Eiweiß, 57 g Fett*

Herzhafter Paprikapesto
Toll als Dip oder einfach als mediterraner Brotaufstrich Abbildung Seite 54

Den Backofen auf höchster Stufe vorheizen. 3 rote Paprikaschoten halbieren und putzen, mit der Wölbung nach oben auf ein Backblech setzen. Im Ofen rösten, bis die Haut schwarz wird. Abkühlen lassen, dann die Haut abziehen. 2 Knoblauchzehen schälen, mit den geschälten Paprikaschoten, 50 ml Öl und 100 g gemahlenen Mandeln pürieren. 80 g geriebenen Parmesan unterrühren, abschmecken.

Vegetarisches Buffet

Curry-Kokos-Suppe
Herrlich sämig – indisch-würzig Abbildung Seite 51

Vorspeise

Vorbereitung: 50 Minuten
Zubereitung: 20 Minuten

Für 10 Portionen

400 g Kartoffeln
600 g Karotten
500 g Blumenkohl
1 großes Stück Ingwer (2–3 cm)
2 Knoblauchzehen
1 rote Chilischote
1 Vanilleschote
5 EL Sesamöl
2–3 EL grüne Currypaste, ersatzweise Currypulver
1 l Gemüsebrühe
600 ml Kokosmilch
2 unbehandelte Limetten, abgeriebene Schale und Saft
Salz, Pfeffer aus der Mühle
300 g Aprikosen
2–3 EL Honig
Kokoschips und Koriander zum Garnieren
Papadams (indische Brotfladen), nach Belieben

1 Am Vortag: Die Kartoffeln und die Karotten schälen, waschen und würfeln. Den Blumenkohl waschen, putzen und in kleine Röschen teilen. Den Ingwer schälen und fein reiben. Den Knoblauch schälen und hacken. Die Chilischote entkernen, waschen und hacken. Die Vanilleschote längs aufschlitzen und das Mark herausschaben. Ingwer, Knoblauch, Chili und Vanillemark in einem großen Topf im heißen Öl 5 Minuten andünsten. Das Gemüse zugeben und anrösten. Currypaste oder -pulver, die Brühe und die Kokosmilch zufügen und 10 Minuten köcheln lassen.

2 Etwa ein Drittel des Gemüses mit einem Schöpflöffel herausheben. Das übrige Gemüse in der Brühe fein pürieren. Mit Limettenschale, -saft, Salz und Pfeffer würzen. Die Suppe abkühlen lassen und zugedeckt kalt stellen.

3 Am Morgen der Einladung: Die Aprikosen waschen, entsteinen und in Spalten schneiden. Im Honig 2 Minuten dünsten. Zugedeckt kalt stellen.

4 Zum Servieren: Das beiseitegestellte Gemüse in der Suppe erwärmen und diese nochmals abschmecken. Mit Aprikosen, Kokoschips und Koriander bestreuen. Nach Belieben Papadams nach Packungsanleitung zubereiten und dazu reichen.

Pro Portion: 140 kcal/590 kJ
18 g Kohlenhydrate, 3 g Eiweiß, 6 g Fett

Die Würze macht's
Viele vegetarische Rezepte leben von der Kraft frischer Kräuter und Gewürze.
Oft orientiert man sich dafür an der asiatischen, indischen und arabischen Küche, denn Curry, Koriander und Co. lassen viele Gemüsegerichte ganz einfach aromatischer und abwechslungsreicher schmecken.

Auberginen-Rucola-Sandwich
Saftig und knusprig zugleich Abbildung Seite 51

Vorbereitung: 40 Minuten
 (ohne Wartezeit)
Zubereitung: 15 Minuten

Für 10 Portionen

2 Auberginen
Salz
3 Eier
50 ml Schlagsahne
Pfeffer aus der Mühle
100 g Mehl
50 g Parmesan, fein gerieben
200 g Paniermehl
4 Knoblauchzehen
200 g Mayonnaise
100 g Crème fraîche
 (Schmand)
2 Bund Rucola
Butterschmalz zum Braten
10 Scheiben Sandwichbrot

1 **Am Morgen der Einladung:** Die Auberginen waschen, putzen, der Länge nach in ½ cm dünne Scheiben schneiden. Salzen, 1 Stunde ziehen lassen, dann abspülen und trocken tupfen. Die Eier mit der Sahne verquirlen und würzen. Das Mehl mit dem Parmesan mischen und auf einen Teller geben, das Paniermehl auf einen zweiten Teller geben. Die Auberginenscheiben erst in der Mehlmischung, dann im verquirlten Ei und schließlich im Paniermehl wenden. Die Panade andrücken.

2 Den Knoblauch schälen und pressen, mit der Mayonnaise und der Crème fraîche verrühren und würzen. Den Rucola waschen, putzen und trocknen. Alles zugedeckt kalt stellen.

3 **2 Stunden vorher:** Die panierten Auberginen in einer großen, weiten Pfanne in reichlich heißem Fett von jeder Seite 2–3 Minuten braten. Auf Küchenpapier abtropfen lassen.

4 **Kurz vor dem Servieren:** Die Hälfte der Brotscheiben mit der Knoblauchmayonnaise bestreichen, mit Auberginen, Rucola und der übrigen Mayonnaise belegen, mit Brotscheiben abdecken und diese andrücken. Die Brote in Streifen schneiden und eventuell mit Spießchen fixieren.

Pro Portion: 450 kcal/1890 kJ
37 g Kohlenhydrate, 10 g Eiweiß, 29 g Fett

Vorspeise

Gut geschützt
Ein großes Stück feiner Stoff als dekorativer Insektenschutz:
Einfach auf der einen Seite überlappend zusammennähen,
Tarteform hineinschieben und den Stoff darüberschlagen.

Tomaten-Bohnen-Quiche
Auch kalt ein Genuss

Zubereitung: 60 Minuten
Backzeit: 50–60 Minuten

Für eine Quicheform
   (29 x 20 cm)
Ergibt 14 Stücke

Für den Teig:
125 g Quark (20 % F.i.Tr.)
6 EL Öl
6 EL Milch
250 g Mehl
2 TL Backpulver
1 TL Salz
Fett für die Form

Für den Belag:
250 g grüne Bohnen
200 g Saubohnen
   (Dicke Bohnen)
250 g Kirschtomaten
1 Zwiebel
1 EL Öl
einige Zweige Bohnenkraut
Salz
5 Zweige Thymian
250 g Mascarpone
100 g Crème fraîche
   (Schmand)
1 EL Speisestärke
3 Eier
Pfeffer aus der Mühle
1 unbehandelte Zitrone,
   abgeriebene Schale

1 Am Vortag: Für den Teig den Quark mit dem Öl und der Milch verrühren. Das Mehl, das Backpulver und das Salz darunterkneten. Den Teig 30 Minuten ruhen lassen.

2 Inzwischen für den Belag die Bohnen waschen, putzen und halbieren. Die Saubohnen enthülsen und aus den Silberhäutchen drücken. Die Tomaten waschen und halbieren. Die Zwiebel schälen, würfeln und in dem Öl andünsten. Die grünen Bohnen, das Bohnenkraut und 300 ml Salzwasser zugeben und zugedeckt 8 Minuten garen, nach 4 Minuten die Saubohnen beifügen. Die Bohnen abgießen, das Bohnenkraut entfernen. Den Thymian waschen, trocknen und fein hacken. Mit Mascarpone, Crème fraîche, Stärke und Eiern verrühren, mit Salz, Pfeffer und Zitronenschale würzen.

3 Den Backofen auf 200 Grad (Umluft 180 Grad) vorheizen. Den Teig ausrollen, in eine gefettete Form legen. Die Bohnen und die Tomaten darauf verteilen, die Mascarponemasse darübergeben. Die Quiche im Ofen etwa 40 Minuten backen, dann herausnehmen und zugedeckt beiseitestellen.

4 Zum Servieren: Die Quiche im Backofen bei 150 Grad (Umluft 130 Grad) etwa 15 Minuten aufbacken, dann in Stücke schneiden.

Pro Stück: 255 kcal/1080 kJ
17 g Kohlenhydrate, 7 g Eiweiß, 17 g Fett

Hauptgericht

Mais-Crêpes mit Spargel
Raffiniert mit aromatisch-asiatischer Note Abbildung Seite 65

Hauptgericht

Vorbereitung: 60 Minuten
Zubereitung: 30 Minuten

Für 10–15 Portionen

150 g Mehl
50 g Instant-Polenta
Salz
3 Eier
300 ml Milch
2–3 EL Butter, geschmolzen
Butterschmalz zum Braten

Für die Mangosauce:
2 Mangos
1 rote Chilischote
4–5 EL Limettensaft
2 EL Honig
500 g grüner Spargel
1 Zwiebel
3 EL Öl
1 TL Salz
1 TL Zucker
1 Bund Koriander, ersatzweise glatte Petersilie

1 Am Vortag: Mehl, Polenta, ½ TL Salz, Eier, Milch und Butter verrühren. 30 Minuten quellen lassen. Dann im heißen Butterschmalz nacheinander 10–15 kleine Crêpes (circa 15 cm Durchmesser) backen. Die fertigen Crêpes zwischen Pergamentpapier stapeln.

2 Für die Sauce die Mangos schälen, das Fruchtfleisch vom Stein schneiden, die Hälfte davon pürieren, den Rest sehr fein würfeln. Die Chilischote entkernen, waschen und hacken. Mangopüree und -würfel mit dem Limettensaft, dem Honig und den Chiliwürfeln würzen.

3 Den Spargel waschen, die Enden abschneiden und das untere Drittel schälen, in ein angefeuchtetes Küchentuch wickeln. Alles zugedeckt kalt stellen.

4 Am Morgen der Einladung: Die Zwiebel schälen, würfeln und im Öl andünsten. Spargel, Salz, Zucker und 50 ml Wasser zugeben und zugedeckt 5 Minuten dünsten. Herausnehmen und abtropfen lassen.

5 Zum Servieren: Je 2–3 Spargelstangen mit 1 EL Sauce und einigen Korianderblättern in eine Crêpe wickeln, halbieren und feststecken.

Pro Portion (bei 10 Portionen): 185 kcal/780 kJ
20 g Kohlenhydrate, 6 g Eiweiß, 9 g Fett

Muschelnudeln mit Gemüseragout

Mögen Kinder – lässt sich vorbereiten Abbildung Seite 50

Vorbereitung: 40 Minuten
Zubereitung: 50 Minuten

Für 10 Portionen

- 20 g getrocknete Steinpilze
- 3 Knoblauchzehen
- 1 Bund Suppengrün (Lauch, Karotte, Sellerie)
- 1 Zucchini
- Öl zum Braten
- Salz, Pfeffer aus der Mühle
- 2 EL Tomatenmark
- 200 ml trockener Rotwein
- 1 Dose geschälte Tomaten (400 g)
- 200 ml Gemüsebrühe
- 1 Zweig Rosmarin
- 3 EL Aceto balsamico
- 2 TL Zucker
- 300 g große Muschelnudeln (Conchiglioni) zum Füllen
- 4 Zweige Oregano
- Butter für die Form
- Semmelbrösel
- 100 g Taleggio, gewürfelt

1 Am Vortag: Die Pilze in 100 ml warmem Wasser einweichen. Den Knoblauch schälen und fein hacken. Das Suppengemüse und die Zucchini waschen bzw. bei Bedarf schälen, putzen und in sehr feine Würfel schneiden. Die Pilze abtropfen lassen und grob hacken, das Einweichwasser aufheben.

2 Alles in einem großen Topf in heißem Öl anbraten, salzen und pfeffern. Das Tomatenmark zugeben, kurz anrösten. Mit dem Wein ablöschen. Die Tomaten aus der Dose etwas kleiner schneiden, samt Saft und Gemüsebrühe, Rosmarin, Pilzen und Pilz-Einweichwasser zugeben. Mit dem Balsamico und dem Zucker würzen und 20 Minuten einköcheln lassen. Abkühlen lassen, dann zugedeckt kalt stellen.

3 1 Stunde vor dem Servieren: Die Muschelnudeln nach Packungsangabe gar kochen. Das Gemüseragout aufkochen, würzen, die Hälfte der Oreganoblättchen zugeben. Eine Gratinform buttern und mit Semmelbröseln ausstreuen. Die Muschelnudeln mit dem Gemüseragout füllen, dicht an dicht in die Form setzen und den Käse darüberstreuen.

4 Zum Servieren: Den Backofen auf 200 Grad (Umluft 180 Grad) vorheizen und die Nudeln 15 Minuten überbacken. Mit den restlichen Oreganoblättchen bestreuen.

Pro Portion: 105 kcal/450 kJ
9 g Kohlenhydrate, 5 g Eiweiß, 5 g Fett

Käsekuchenmousse mit frischen Beeren
Lässt sich gut vorbereiten

Zubereitung: 50 Minuten
Kühlzeit: mindestens 4 Stunden

Für 10 Portionen

6 Blatt Gelatine
3 sehr frische Eier und 3 Eigelb (Größe M)
100 g Zucker
100 ml frischer Orangensaft
200 g Doppelrahmfrischkäse
400 g Sahnequark
100 g Puderzucker
1 unbehandelte Zitrone, Saft und 1 TL abgeriebene Schale
300 ml Schlagsahne

Zum Fertigstellen:
1 kg gemischte Beeren
3 EL Puderzucker
Amarettini (italienische Mandelkekse)
Melisseblättchen

1 Am Vortag: Die Gelatine in kaltem Wasser einweichen. Die Eier trennen, sämtliche 6 Eigelb mit dem Zucker in einer Schüssel über einem warmen Wasserbad schaumig rühren. Die Gelatine tropfnass unter die Eigelbmasse rühren, dann den Orangensaft langsam unterrühren. Die Schüssel in ein kaltes Wasserbad stellen. Frischkäse, Quark, Puderzucker, Zitronensaft und -schale verrühren. 3–4 EL der Quarkmischung unter die Eigelbmasse rühren, dann die Eigelbmasse unter die verbleibende Quarkmasse rühren. Die Schlagsahne und das Eiweiß getrennt steif schlagen. Beides unter die Creme ziehen. Die Creme in kleine Gläschen füllen und zugedeckt über Nacht kalt stellen.

2 Am Morgen der Einladung: Die Beeren waschen, trocknen, verlesen, falls nötig etwas zerkleinern, mit dem Puderzucker mischen und kalt stellen. Die Amarettini zerbröseln.

3 Zum Servieren: Die Mousse mit Beeren, Keksbröseln und Melisseblättchen bestreuen.

Pro Portion: 455 kcal/1920 kJ
43 g Kohlenhydrate, 14 g Eiweiß, 24 g Fett

Tafelfreuden
So weiß jeder gleich, was er sich nimmt: kleine und große Schiefertafeln (gibt's in Spielzeugläden oder im Internethandel) mit der Bezeichnung der Gerichte aufs Buffet stellen.

Käsekuchenmousse mit frischen Beeren

Mais-Crêpes mit Spargel

Picknick im Grünen

Ein Proviantkorb mit lauter feinen Sachen, die man gut vorbereiten und mitnehmen kann. Jetzt müssen Sie sich nur noch nette Gesellschaft einladen, dann steht einem fröhlichen Schlemmertag im Freien nichts mehr im Weg.

Das gibt's
Für 8 Personen

Getränk
Zitronen-Minz-Eistee

Herzhaftes
Lachsfrikadellen
mit Apfel-Kapern-Sauce
Sandwichröllchen
Kasseler im Brotteig
mit Gemüsesalat

Süßes
Baiser-Aprikosen-Dessert
Halbgefrorener Schokokuchen
mit Beeren

Obstspieße

Baiser-Aprikos Dessert

Gemüsesticks

Der Zeitplan für die Vorbereitungen

Am Vortag
Zitronen-Minz-Eistee zubereiten, kalt stellen.
Lachsfrikadellen und Apfel-Kapern-Sauce zubereiten.
Sandwichröllchen fertigstellen.
Brotteig für das Kasseler kneten.
Gemüsesalat zubereiten und Dessert vorbereiten.

Etwa 2 Stunden bevor es losgeht
Kasseler im Brotteig fertigstellen und backen.

Zum Mitnehmen
Alles in gut verschließbare Schüsseln oder Gläser, Thermoskannen und Kuchenformen einpacken. Eventuell in stabilen Kühltaschen mit Kühlakkus oder Picknickkörben transportieren.

Außerdem wichtig
Ausreichend Besteck, Servietten, Teller, Becher einpacken. Wasser, scharfe Messer, Brettchen und Müllbeutel mitnehmen. Auch wichtig: Notfallapotheke mit Pinzette, Pflaster, Mückenspray, Sonnencreme nicht vergessen. Zum Picknick Kasseler und Sandwichrolle aufschneiden, alles anrichten.

Zitronen-Minz-Eistee
Pure Erfrischung

Getränk

2 unbehandelte Zitronen
1 Bund Minze
4 Beutel Zitronentee
2 Zitronen, Saft
ca. 2 EL Honig
100 g Zucker
Eiswürfel, nach Belieben

1 Am Vortag: 1 unbehandelte Zitrone waschen, trocknen und in Scheiben schneiden. ½ Bund Minze waschen, trocknen und mit den Zitronenscheiben und den Zitronenteebeuteln in einen Topf geben. 1,6 l kochendes Wasser darübergießen. Über Nacht kalt stellen.

2 Zum Mitnehmen: Den Tee durch ein Sieb gießen, mit dem Saft der beiden Zitronen, dem Honig und dem Zucker abschmecken. Die zweite unbehandelte Zitrone waschen, trocknen und in Scheiben schneiden. Die restliche Minze waschen und trocknen. Die Zitronenscheiben und die Minze auf Thermoskannen verteilen. Mit dem kalten Tee aufgießen. Eventuell Eiswürfel dazugeben. Die Kannen fest schließen.

Blütentüten
Wenn's auch im Grünen edel zugehen soll: Papiertüten für Sandwich und Co. bemalen, mit (Bast-)Band umwickeln und frische Blumen dazustecken.

Nachhaltig chic
Pappbecher und Holzbesteck sind hübscher und auch umweltverträglicher als Einweggeschirr aus Plastik.

Lachsfrikadellen mit Apfel-Kapern-Sauce
Sommerleicht und extra würzig – auch kalt ein Genuss

Vorbereitung: 20 Minuten
Zubereitung: 30 Minuten

Für 8 Portionen
Ergibt ca. 16 Stück

Für die Frikadellen:
2 Brötchen vom Vortag
1–2 in der Schale gekochte Kartoffeln vom Vortag (ca. 200 g)
800 g Lachsfilet
1 Zwiebel
je 1 Bund Petersilie und Dill
2 Eier (Größe M)
1 EL Zitronensaft
Salz, Pfeffer aus der Mühle
150 g Paniermehl
Butterschmalz zum Braten

Für die Sauce:
1 großer grüner Apfel
Zitronensaft
2 EL Kapern aus dem Glas
300 g Joghurt
100 g Mayonnaise
2 TL Senf
Salz, Pfeffer aus der Mühle, Zucker

1 Am Vortag: Die Brötchen in Wasser einweichen. Die Kartoffeln schälen, zerdrücken oder fein reiben. Das Fischfilet waschen, trocken tupfen, durch den Fleischwolf drehen oder portionsweise im Alleszerkleinerer fein zerhacken. Die Zwiebel schälen und fein würfeln. Die Kräuter waschen, trocknen und fein hacken. Die Brötchen ausdrücken und mit Fisch, Kartoffeln, Zwiebel, Kräutern und Eiern mischen. Mit Zitronensaft, Salz und Pfeffer würzen. Aus der Masse etwa 16 Frikadellen formen. In Paniermehl wenden und im heißen Fett circa 10 Minuten braten. Auf Küchenpapier abtropfen und auskühlen lassen. Zugedeckt kalt stellen.

2 Für die Sauce den Apfel waschen und vierteln, das Kerngehäuse entfernen. Den Apfel grob reiben. Mit Zitronensaft beträufeln. Die Kapern abgießen, abtropfen lassen und grob hacken. Alles mit dem Joghurt, der Mayonnaise und dem Senf verrühren. Mit Salz, Pfeffer und Zucker würzen. Sauce fürs Picknick in ein Schraubglas füllen.

3 Zum Mitnehmen: Die Frikadellen eventuell nochmals in der Pfanne rundum braten. Warm oder kalt in Alufolie oder Dosen verpackt mitnehmen.

Pro Portion: 365 kcal/1540 kJ
29 g Kohlenhydrate, 25 g Eiweiß, 16 g Fett

Herzhaftes

Damit das Picknick sicher ein Vergnügen wird
Nicht zu viel einpacken, dafür aber möglichst handliche und praktische Sachen.
Das gilt fürs Essen wie fürs Geschirr. Und die Behälter müssen natürlich dicht sein.
Wer öfter picknickt, ist mit einer Kühltasche gut bedient.

Sandwichröllchen
Vegetarische Lollis mit feiner Käsecremefüllung

Vorbereitung: 30 Minuten
Zubereitung: 15 Minuten

Für 8 Portionen

400 g Doppelrahmfrischkäse
150 g geriebener Cheddar-Käse
150 g geriebener Bergkäse
Milch, nach Belieben
Salz, Pfeffer aus der Mühle
100 g getrocknete Tomaten in Öl
1 Glas eingelegte, milde Peperoni oder Peperoncini (Abtropfgewicht 140 g)
350 g Tramezzini-Brot oder große Sandwich-Weißbrotscheiben
Petersilie zum Garnieren, nach Belieben

1 Am Vortag: Den Frischkäse mit dem geriebenen Käse und eventuell etwas Milch zu einer glatten Creme verrühren. Mit Salz und Pfeffer würzen. Die Tomaten und die Peperoni abgießen, abtropfen lassen und fein hacken bzw. in Ringe schneiden.

2 Am Tag des Picknicks: Frischhaltefolie (60 x 40 cm) auslegen. Die Brotscheiben überlappend zu einem langen Rechteck (ca. 50 x 30 cm) darauflegen (Sandwichbrot: die Ränder abschneiden). Das Brot mit einer Teigrolle flacher rollen, die »Nahtstellen« dabei fester rollen. Die Käsecreme daraufstreichen, dabei einen 2 cm breiten Rand lassen. Die Tomaten und die Peperoni darüberstreuen. Das Brot mithilfe der Folie von der Längsseite her fest einrollen. Die Rolle fest mit Folie umwickeln und kalt stellen.

3 Zum Mitnehmen: Die Sandwichrolle verpackt und gut gekühlt transportieren. Nach Belieben zum Garnieren Petersilie mitnehmen. Für das Picknick: Teller oder Brett, ein Brotmesser und Holzspieße nicht vergessen!

Pro Portion: 455 kcal/1920 kJ
24 g Kohlenhydrate, 19 g Eiweiß, 31 g Fett

Kasseler im Brotteig
Deftig – wenig Aufwand

Vorbereitung: 30 Minuten
Backzeit: ca. 60 Minuten

Für 8 Portionen

1 Paket Krustenbrot-Backmischung (500 g)
2 TL Kümmelsamen
1 Zweig Rosmarin
5 EL körniger Senf
3 EL Quittengelee
ca. 1,4 kg Kasseler (roh, gepökelt, ohne Knochen)
2 EL Mehl zum Arbeiten
3–4 EL Semmelbrösel

1 Am Vortag: Die Backmischung nach Packungsangabe mit Wasser und dem Kümmel verkneten. In Folie gewickelt kalt stellen. Die Rosmarinnadeln abstreifen, fein hacken und mit dem Senf und dem Gelee verrühren. Das Fleisch damit einpinseln. Zugedeckt kühl stellen.

2 2 Stunden bevor es losgeht: Den Backofen auf 200 Grad (Umluft 180 Grad) vorheizen. Den Teig auf bemehlter Fläche ausrollen, mit den Semmelbröseln bestreuen. Das Kasseler in die Mitte legen, den Teig drum herumschlagen. Mit Wasser bepinseln. Im Ofen etwa 1 Stunde backen.

3 Zum Mitnehmen: Das Kasseler im Brotteig in ein sauberes, Küchentuch gewickelt mitnehmen. Mit einem Brotmesser aufschneiden und servieren..

Pro Portion: 450 kcal/1890 kJ
38 g Kohlenhydrate, 42 g Eiweiß, 14 g

Gemüsesalat
Vegetarisch – exotisch Abbildung links

Vorbereitung: 50 Minuten
Zubereitung: 15 Minuten

Für 8 Portionen

4 bunte Paprikaschoten
je 2 gelbe und grüne Zucchini (ca. 800 g)
1 Stange Lauch
500 g Karotten
Salz
2 Knoblauchzehen
2 kleine, rote Zwiebeln
80 ml Öl
Pfeffer aus der Mühle
ca. 1 TL Zucker
50 ml Obstessig
180 g Sushi-Ingwer (Asiashop)
5 Zweige Minze
1 Bund Petersilie

1 Am Vortag: Die Paprikaschoten putzen, entkernen, waschen und in Streifen schneiden. Die Zucchini waschen, putzen, längs halbieren, in Scheiben schneiden. Den Lauch putzen, waschen und in Ringe schneiden. Die Karotten schälen, in dünne Scheiben schneiden. Salzwasser aufkochen. Die Karotten 5 Minuten und den Lauch 2 Minuten darin kochen. Das Gemüse abschrecken und abtropfen lassen. Den Knoblauch schälen und fein hacken. Die Zwiebeln schälen. 1 Zwiebel fein würfeln, die andere in Streifen schneiden.

2 Am Tag des Picknicks: Das Öl erhitzen und die Zwiebeln und den Knoblauch darin andünsten. Die Paprika und die Zucchini dazugeben und 3–4 Minuten rösten. Dann den Lauch und die Karotten hinzufügen. Mit Salz, Pfeffer, Zucker und Essig würzen. Kurz dünsten, abkühlen lassen. Den Ingwer in Streifen schneiden und mit etwas Sud unter das Gemüse heben. Den Salat zugedeckt kalt stellen.

3 Zum Mitnehmen: Den Gemüsesalat abschmecken. Die Minze und die Petersilie waschen, trocknen, hacken und unterheben. Den Salat in einer fest verschließbaren Schüssel mitnehmen.

Pro Portion: 175 kcal/740 kJ
13 g Kohlenhydrate, 5 g Eiweiß, 11 g Fett

Herzhaftes

Geschirr & Co. – Das muss mit
Auf Decken kann man das Essen abstellen und sitzt außerdem bequemer. Wer keinen Picknickkoffer mit Halterungen hat, nimmt am besten bruchsicheres Geschirr, Becher und leichtes Besteck mit. Gemüsesticks oder Obstspieße stillen den ersten Hunger.

Baiser-Aprikosen-Dessert
Fruchtig-süß

Vorbereitung: 40 Minuten
Zubereitung: 10 Minuten

Für 8 Portionen

1 kg Aprikosen
1 Vanilleschote
je 2 Zitronen und Orangen, Saft
100 g Zucker
1 Stange Zimt
500 g Vollmilchjoghurt
500 g Mascarpone, ersatzweise Doppelrahmfrischkäse
100 g Baiser (Meringues)

1 Am Vortag: Die Aprikosen kreuzweise einritzen. 1 Minute in kochendes Wasser legen. Abschrecken, häuten, entkernen und in Spalten schneiden. Die Vanilleschote längs aufschneiden, das Mark herausschaben. Das Vanillemark mit der Schote, Zitronen- und Orangensaft, 50 g Zucker und der Zimtstange aufkochen. Die Aprikosen dazugeben, aufkochen und 10 Minuten köcheln lassen. Vom Herd nehmen, auskühlen lassen und zugedeckt kalt stellen.

2 Am Tag des Picknicks: Den Joghurt mit dem restlichen Zucker (50 g) verrühren. Den Mascarpone einrühren, abschmecken, kalt stellen. Das Baiser zerkrümeln.

3 Zum Mitnehmen: Die Vanilleschote und die Zimtstange aus dem Aprikosenkompott nehmen. Das Kompott und die Joghurtcreme in eine große Schüssel mit fest schließendem Deckel oder in mehrere kleine Weckgläser einschichten. Mit dem zerkrümelten Baiser bestreuen. Behälter verschließen und in einer Kühltasche transportieren. Löffel nicht vergessen!

Pro Portion: 430 kcal/1810 kJ
42 g Kohlenhydrate, 12 g Eiweiß, 23 g Fett

Halbgefrorener Schokokuchen mit Beeren
Am Vortag gebacken und eingefroren, damit er beim Picknick lange frisch bleibt

Zubereitung: 40 Minuten
Backzeit: ca. 25 Minuten

Für 1 Springform von
26 cm Durchmesser
Ergibt 16 Stücke

200 g Zartbitterschokolade
150 g Vollmilchkuvertüre
250 g Butter
5 Eier (Größe M)
200 g brauner Zucker
2 Prisen Salz
1 Päckchen Bourbon-Vanillezucker
200 g Mehl
200 g gemahlene Mandeln
½ Päckchen Backpulver
300 g gemischte Beeren (z. B. Heidelbeeren, Erdbeeren, Himbeeren)
Puderzucker zum Bestäuben

1 Am Vortag: Backofen auf 160 Grad (Umluft 140 Grad) vorheizen. Schokolade und Kuvertüre grob hacken und mit der Butter in einer Schüssel über dem heißen Wasserbad schmelzen, etwas abkühlen lassen.

2 Die Eier mit Zucker, Salz und Vanillezucker schaumig aufschlagen. Die Schoko-Butter-Masse unterrühren. Mehl, Mandeln und Backpulver mischen und unterheben. Den zähflüssigen Teig in die mit Backpapier ausgelegte Springform gießen. Im Ofen etwa 25 Minuten backen. Den Kuchen auskühlen lassen. Anschließend in der Form tiefkühlen.

3 Zum Mitnehmen: Die Beeren verlesen. In eine Schüssel mit passendem Deckel füllen. Den Kuchen mit Puderzucker bestäuben und in der Form, mit Deckel oder Alufolie verschlossen, mitnehmen. Die Beeren beim Picknick auf dem halbgefrorenen Kuchen verteilen.

Dazu passt: Vanillesauce (Fertigprodukt aus dem Kühlregal).

Pro Stück: 460 kcal/1940 kJ
40 g Kohlenhydrate, 8 g Eiweiß, 30 g Fett

Erfrischend: Obstspieße und Gemüsesticks
Melonen, Ananas und Erdbeeren würfeln und auf Spieße stecken. So lässt sich das Obst gut transportieren und leichter essen. Gemüse, z. B. Gurken und Karotten, in Stifte schneiden, mit Apfel-Kapern-Sauce (siehe Rezept Seite 71) genießen.

Sommerfest am Grill

Jetzt sind wieder glutvolle Zeiten angesagt. Denn was gibt es Schöneres, als mit würzigen Köstlichkeiten vom Rost unter freiem Himmel zu feiern? Da sitzt die gute Laune mit am Tisch.

Das gibt's
Für 8 Personen

Aperitif
Pfirsich-Basilikum-Bowle

Zum Grillen
Italienische Hähnchenspieße
Gefülltes Thymiankotelett
Ciabatta-Stangenbrot mit Olivenbutter

Beilagen
Nudelsalat mit Thunfisch und Gurke
Rucola-Champignon-Salat

Dessert
Eiskaffee mit Beeren

Der Zeitplan für die Grillparty

Am Vortag
Hähnchenspieße, Nudelsalat, Kaffeesauce bzw. Schokosauce für das Dessert und die Olivenbutter vorbereiten.

Am Morgen der Party
Hähnchenspieße fertigstellen, Nudelsalat zubereiten.
Koteletts fürs Grillen und Beeren für das Dessert vorbereiten.

2 Stunden vorher
Ciabatta-Brotteig, Rucola-Champignon-Salat und die Bowle vorbereiten.
Später den Grill rechtzeitig anzünden.

Zum Grillen und Servieren
Spieße und Koteletts grillen. Salate fertigstellen.
Ciabatta-Stangen auf dem Grill oder über offenem Feuer backen. Butter dazu reichen.
Bowle aufgießen und als Aperitif reichen.
Später das Dessert servieren.

Pfirsich-Basilikum-Bowle
Aperitif mit Pfiff

Für 8 Gläser

1 unbehandelte Zitrone
2 Orangen
2 Pfirsiche
1–2 EL Zucker
50 ml Orangenlikör
1 l kalter Weißwein
   (z. B. Grauburgunder)
1 Flasche eiskalter Prosecco
ca. 1 Bund Basilikum

1 Am Morgen der Grillparty: Die Zitrone abwaschen, trocknen und die Schale mit einem Sparschäler dünn abziehen. Dann die Zitrone und die Orangen so dick schälen, dass die weiße Haut mit entfernt wird. Die Fruchtfilets zwischen den Trennhäuten herausschneiden. Die Pfirsiche 1 Minute in kochendes Wasser legen, häuten, entsteinen und klein schneiden. Alle Früchte und die Zitronenschale mit dem Zucker und 50 ml Orangenlikör mischen. Kalt stellen.

2 Zum Servieren: Die Bowle mit dem Weißwein und dem Prosecco auffüllen. Das Basilikum waschen und trocken schütteln. Die Blättchen abzupfen und zu der Bowle geben.

Italienische Hähnchenspieße
Wunderbar würzig

Zum Grillen

Vorbereitung: 30 Minuten
Zubereitung: 15 Minuten

Für 8 Spieße

1 Knoblauchzehe
200 ml Tomatenketchup
2 EL brauner Zucker
½ TL Paprikapulver
2 EL Obstessig
1 EL Worcestersauce
1 kg Hähnchenbrustfilet
je 3 rote und gelbe Paprikaschoten
Öl
1 Zweig Rosmarin

1 Am Vortag: Den Knoblauch schälen und durchpressen. Mit Ketchup, Zucker, Paprikapulver, Essig und Worcestersauce aufkochen. 5 Minuten einköcheln lassen. Das Filet abbrausen und in Würfel von 1–2 cm Größe schneiden. Die Paprikaschoten halbieren, entkernen, waschen und würfeln. Beides mit etwa 100 ml Würzsauce mischen. Zugedeckt kalt stellen.

2 Am Morgen der Party: Die Hähnchenwürfel und die Paprikastücke abwechselnd auf 8 geölte Holzspieße stecken. Die Rosmarinnadeln abstreifen, hacken und darüberstreuen. Die Spieße zugedeckt kalt stellen.

3 Zum Grillen: Die Spieße auf einem gut geölten Rost mit Abstand zur Glut rundum etwa 15 Minuten grillen. Mit der restlichen Sauce servieren.

Pro Spieß: 215 kcal/910 kJ
11 g Kohlenhydrate, 30 g Eiweiß, 4 g Fett

Ciabatta-Stangenbrot
Bei Kindern beliebt

Für 8 Portionen

500 g Ciabatta-Brotback-
  mischung
2–3 EL gehackte, geröstete
  Haselnusskerne
1 TL gehackte
  Thymianblättchen
Öl zum Bestreichen

1 Am Morgen der Party: Die Brotbackmischung nach Packungsangabe vorbereiten. Die gehackten, gerösteten Haselnusskerne und die gehackten Thymianblättchen unterkneten. Den Teig in 8 Portionen teilen, beiseitestellen.

2 Zum Grillen: Von langen Stöcken die Enden sauber abschaben. Die Teigstücke drum herumwickeln, mit Öl bepinseln. Das Brot über offenem Feuer backen. Wer den Grill dem offenen Feuer vorzieht, formt den Teig zu dünnen Stangen und backt diese in einer gefetteten Grillschale auf dem Rost.

Dazu passt: Olivenbutter (siehe Rezept Seite 87).

Zum Grillen

Gefülltes Thymiankotelett
Genuss mit Sti(e)l – pikant, einfach

Vorbereitung: 30 Minuten
Zubereitung: 15 Minuten

Für 8 Portionen

8 Koteletts mit Knochen (vom Metzger jeweils eine Tasche einschneiden lassen)
60 g Pinienkerne
3–4 Zweige Thymian
1 Zweig Rosmarin
200 g Ricotta
Salz, Pfeffer aus der Mühle
Öl

1 Am Morgen der Party: Die Koteletts kalt abbrausen, trocken tupfen. Die Pinienkerne in einer Pfanne ohne Fett rösten. Die Kräuter waschen, trocken schütteln, die Blättchen und Nadeln hacken und zusammen mit den Pinienkernen zu dem Ricotta geben und vermischen. Die Käsemischung in die Fleischtaschen füllen, diese mit Holzspießen feststecken. Die Koteletts zugedeckt kalt stellen.

2 Zum Grillen: Das Fleisch salzen und pfeffern. Auf einem geölten Rost mit Abstand zur Glut von jeder Seite etwa 7 Minuten grillen.

Tipp Käsedip: Bleibt Käsemasse übrig, diese mit 2–3 EL Crème fraîche verrühren. Als Dip dazu servieren.

Pro Portion: 350 kcal/1470 kJ
1 g Kohlenhydrate, 47 g Eiweiß, 17 g Fett

Zum Grillen

Olivenbutter
Für Gemüse, Fleisch & Co.

200 g weiche Butter mit Salz, Pfeffer, 2 EL klein gehackten schwarzen Oliven, 2 EL gehackter Petersilie und ½ TL Paprikapulver verrühren. Passt zu Fleisch oder Brot.

Nudelsalat mit Thunfisch und Gurke
Bunt und sättigend – schmeckt auch Kindern

Vorbereitung: 30 Minuten
Zubereitung: 10 Minuten

Für 8 Portionen

500 g kleine Nudeln
 (z. B. Muschelnudeln)
Salz
5–6 EL Olivenöl
1 Dose weiße Bohnen
 (Abtropfgewicht 240 g)
1 Salatgurke
600 g rote und gelbe
 Kirschtomaten
2 Zitronen, Saft
Pfeffer aus der Mühle
Zucker
2 Dosen Thunfisch im eigenen Saft (Abtropfgewicht jeweils 140 g)

1 Am Vortag: Die Nudeln nach Packungsangabe in Salzwasser garen. Abgießen, abtropfen lassen und 2 EL Öl daruntermischen. Zugedeckt kalt stellen.

2 Am Morgen der Party: Die Bohnen abbrausen und abtropfen lassen. Die Gurke waschen, putzen, längs halbieren, entkernen und in Scheiben schneiden. Die Tomaten waschen und halbieren. Alles mit den Nudeln mischen. Den Zitronensaft mit Salz, Pfeffer und Zucker abschmecken, das restliche Öl (3–4 EL) darunterschlagen. Das Dressing unter den Salat heben. Den Nudelsalat zugedeckt kalt stellen.

3 Zum Servieren: Den Thunfisch abtropfen lassen und zerpflücken. Unter den Salat mischen, nochmals würzen.

Pro Portion: 400 kcal/1680 kJ
52 g Kohlenhydrate, 17 g Eiweiß, 13 g Fett

Rucola-Champignon-Salat
Leicht, frisch, kalorienarm

Vorbereitung: 30 Minuten
Zubereitung: 15 Minuten

Für 8 Portionen

- 3 Bund Rucola (ersatzweise 2 Bund Rucola und 1 Bund junger Blattspinat)
- 2 rote Zwiebeln
- ½ Bund Thymian
- 400 g weiße Champignons
- 100 g Parmesan am Stück
- 10 getrocknete, in Öl eingelegte Tomaten
- 6 EL Aceto balsamico
- Salz, Pfeffer aus der Mühle, Zucker
- 2–3 EL Olivenöl

1 2 Stunden bevor die Gäste kommen: Den Rucola waschen, putzen, trocknen und klein zupfen. Die Zwiebeln schälen, vierteln und in Streifen schneiden. Den Thymian waschen, trocknen und die Blättchen abzupfen. Die Champignons putzen, in dünne Scheiben schneiden und mit einem feuchten Küchentuch abgedeckt beiseitestellen. Den Parmesan in Späne hobeln.

2 Die Tomaten abtropfen lassen, das Öl dabei auffangen. Die Tomaten in Streifen schneiden. Den Essig mit Salz, Pfeffer und Zucker abschmecken, das Tomatenöl und das Olivenöl darunterschlagen. Alle Zutaten zugedeckt kalt stellen.

3 Kurz vor dem Servieren: Die Salatzutaten mit dem Dressing mischen und servieren.

Pro Portion: 115 kcal/490 kJ
1 g Kohlenhydrate, 6 g Eiweiß, 9 g Fett

Eiskaffee mit Beeren
Einfach und schnell zubereitet

Vorbereitung: 30 Minuten
Zubereitung: 10 Minuten

Für 8 Portionen

100 g Zucker
200 ml kalter starker Kaffee
1 kg gemischte Beeren
　(z. B. Brombeeren, Heidel-
　beeren, Erdbeeren)
1 unbehandelte Orange,
　abgeriebene Schale
　und Saft
1 l Vanilleeis
Waffelröllchen,
　nach Belieben

1 Am Vortag: Den Zucker in einem Topf schmelzen lassen. Den Kaffee dazugießen, 10 Minuten köcheln lassen. Vom Herd nehmen, abkühlen lassen und zugedeckt kalt stellen.

2 Am Morgen der Party: Die Beeren waschen, verlesen, trocknen, eventuell klein schneiden. Mit Orangenschale und -saft mischen. Zugedeckt kalt stellen.

3 Zum Servieren: Die Beeren auf Gläser verteilen. Vom Eis Kugeln abstechen und zu den Beeren geben. Den Kaffeesirup darüberträufeln. Nach Belieben mit Waffelröllchen servieren.

Pro Portion: 350 kcal/1470 kJ
45 g Kohlenhydrate, 6 g Eiweiß, 15 g Fett

Dessert

Tipp
Schokosauce für Kinder
150 g Vollmilchschokolade in 100 ml Milch und 100 ml flüssiger Schlagsahne schmelzen.

Kinderparty: Für Meerjungfrauen und Piraten

Das gibt's
Für 6 Kinder

Getränk
Anglerpunsch

Vorspeisen
Paprikakrake
Pizzamuscheln
Neptuns Salat

Hauptgericht
Captain-Nuggets

Süßes
Sweet Turtles
Obstlollis
Zitronenlimo-Gelee
Clownfischtorte

Das ist eine Geburtstagsparty, wie Kinder sie lieben: Auf dem Buffet warten Leckerbissen, die kleine Meerjungfrauen und freche Piraten begeistern. Und Sie als Mutter angeln sich jede Menge Komplimente.

Der Zeitplan für die Party

2–3 Tage vorher
Eiswürfelfische einfrieren.

Am Vortag
Die Clownfischtorte backen.
Das Zitronenlimo-Gelee zubereiten und kalt stellen.
Kräuterdip für die Krake zubereiten.

Am Morgen der Party
Blattsalat, Captain-Nuggets und Pizzamuscheln vorbereiten.
Die Torte fertigstellen.

3 Stunden bevor die Kinder kommen
Gemüse für die Paprikakrake und Obst für die Lollis schneiden bzw. ausstechen.

30 Minuten vor dem Servieren
Pizzamuscheln 30 Minuten vor dem Servieren in den Ofen schieben.
Captain-Nuggets kurz vor dem Servieren braten.
Punsch zubereiten.
Schildkröte zubereiten.
Alles anrichten, auf das Buffet stellen.

Captain-Nuggets

Anglerpunsch
Cooler Drink

Getränk

Für 6 Gläser

300 ml roter Traubensaft
Mineralwasser, Früchtetee
oder Fruchtschorle

1 2–3 Tage vor der Party: Den Traubensaft in Eiswürfelbehälter in Fischform füllen (in Haushaltsläden oder im Internethandel erhältlich) und tiefkühlen.

2 Zum Servieren: Zum Servieren die Eiswürfel aus den Formen lösen, in standfeste Gläser füllen. Mit Mineralwasser, Früchtetee oder Fruchtschorle auffüllen. Mit Strohhalm als »Angelrute« servieren.

So wird das Zuhause zum »Aquarium«
Für die Unterwasserparty Accessoires wie Girlanden, Luftschlangen, Pappbecher und -teller in Aquamarintönen wählen. Steinfliesen in Sandfarben erzeugen Strandstimmung. Nach Belieben auf Tisch und Buffet »Seafood« aus Fruchtgummis verteilen (gibt es z. B. von Haribo).

Dekotipp

Wandbilder mit Blubb
Geht ganz fix: Aus weißen und blauen Papptellern Fische ausschneiden, auf ganze Pappteller kleben und als Wandschmuck aufhängen. Die Luftblasen sind aus Papier ausgeschnitten.

So findet jeder seinen Platz
Aus blauem Tonpapier Segelboote falten (Anleitungen im Internet). Die Namen der Kinder daraufschreiben. Aus Holzspießen und Papier Segel basteln, in die Boote stecken. Boote beschriften und als Platzkarten auf den Tisch stellen.

Paprikakrake
Preiswert, vitaminreich

Vorspeise

Vorbereitung: 30 Minuten
Zubereitung: 10 Minuten

Für 6 Portionen

250 g Sahnequark
200 g Vollmilchjoghurt
1 Bund glatte Petersilie
50 ml Sonnenblumenöl
Salz, Pfeffer aus der Mühle
mildes Paprikapulver
Zucker
2 orangefarbene oder
   rote Paprikaschoten
6 Karotten
1 Salatgurke

1 Am Vortag: Den Quark mit dem Joghurt verrühren. Die Petersilie waschen, trocknen, die Blättchen abzupfen und mit dem Öl fein pürieren. Dann in die Quarkmasse rühren. Mit Salz, Pfeffer, Paprikapulver und Zucker abschmecken. Zugedeckt kalt stellen.

2 3 Stunden bevor die Kinder kommen: Von 1 Paprikaschote einen Deckel abschneiden. Die Paprika entkernen und waschen. Nach Belieben »Augen« ausstechen (oder 2 kleine Karottenscheiben als Augen auflegen). Die zweite Paprika halbieren, entkernen, waschen und in Streifen schneiden. Die Karotten und die Gurke waschen, putzen, nach Belieben schälen, in Streifen oder Sticks schneiden. Alles zugedeckt kalt stellen.

3 Zum Servieren: Den Kräuterdip abschmecken, auf einer Platte oder einem Teller mit hohem Rand verteilen. Die ganze Paprikaschote mit der Öffnung nach unten in die Mitte setzen. Die Paprikastreifen wie Krakenarme drum herumlegen. Übriges Gemüse in Becher oder Gläser füllen bzw. auf kleine Teller legen und zum Dippen dazustellen.

Pro Portion: 210 kcal/890 kJ
13 g Kohlenhydrate, 7 g Eiweiß, 14 g Fett

Pizzamuscheln
Einfach und herzhaft

Vorspeise

Vorbereitung: 30 Minuten
Zubereitung: 20 Minuten

Für 6 Portionen

2 Rollen Pizzateig aus dem Kühlregal (à 400 g)
1 Eigelb
3 EL Milch
100 g passierte Tomaten (Fertigprodukt)
Salz, Pfeffer aus der Mühle, Zucker
50 g Salamischeiben
1 Dose Maiskörner (Abtropfgewicht 425 g)
200 g geriebener Pizzakäse
6 kleine Mozzarellakugeln (100 g; ersatzweise grüne Oliven)

1 Am Morgen der Einladung: Den Backofen auf 200 Grad (Umluft 180 Grad) vorheizen. Aus dem Teig 24 Kreise von 6–7 cm Durchmesser ausstechen. Eventuell weitere Figuren ausstechen. Die Hälfte der Kreise wie eine Jakobsmuschel einkerben. Das Eigelb mit der Milch verrühren und die eingekerbten Kreise damit bepinseln. Auf ein mit Backpapier belegtes Blech legen und die Teigkreise im vorgeheizten Backofen circa 10 Minuten backen. Die übrigen Kreise und Figuren zugedeckt kalt stellen. Die passierten Tomaten mit Salz, Pfeffer und Zucker würzen. Zugedeckt kalt stellen.

2 30 Minuten vor dem Servieren: Den Backofen auf 220 Grad (Umluft 200 Grad) vorheizen. Die Salami in Streifen schneiden. Den Mais abtropfen lassen. Die ungebackenen Kreise und Figuren auf ein mit Backpapier belegtes Blech legen und mit der Tomatensauce bestreichen. Mit Mais und Salami belegen, den Käse darüberstreuen. Im Ofen 10 Minuten backen.

3 Zum Servieren: Auf die belegten, gebackenen Kreise je 1 Mozzarellakugel setzen, die gebackenen »Muscheln« schräg auflegen, sodass es wie eine geöffnete Muschel aussieht. Die Pizzamuscheln servieren.

Pro Portion: 560 kcal/2360 kJ
66 g Kohlenhydrate, 21 g Eiweiß, 25 g Fett

Neptuns Salat

Pizza-muscheln

Neptun

Ahoi!

Neptuns Salat

Vegetarisch, schnell Abbildung Seite 101

Vorspeise

Vorbereitung: 30 Minuten
Zubereitung: 10 Minuten

Für 6 Portionen

5 EL Apfelessig
Salz, Pfeffer aus der Mühle
Honig oder Zucker
1 TL milder Senf
½ Zitrone, Saft
5 EL Sonnenblumenöl
1 Kopf Eichblattsalat
2 Scheiben Butterkäse (80 g; etwas dicker geschnitten)
1 rote Paprikaschote
1 kleine Zucchini

1 Am Morgen der Einladung: Den Essig mit Salz, Pfeffer, Honig oder Zucker, Senf und Zitronensaft verrühren und würzig abschmecken. Das Öl unterschlagen. Den Eichblattsalat putzen, waschen und trocken schleudern. Die Blätter etwas kleiner zupfen. Die Blätter in einem Gefrierbeutel im Gemüsefach des Kühlschranks aufbewahren.

2 Aus dem Käse mit einem Fisch- oder Meerestierausstecher (in Haushaltswarenläden) Figuren ausstechen. Die Paprikaschote halbieren, entkernen, waschen und mit einem Sparschäler schälen. Die Zucchini waschen, putzen und der Länge nach in dünne Scheiben schneiden. Aus dem Gemüse ebenso Figuren ausstechen. Alles zugedeckt kalt stellen.

3 Zum Servieren: Den Eichblattsalat mit dem Dressing und den Käse- und Gemüsefiguren locker mischen und auf Tellern oder einer Platte anrichten.

Pro Portion: 150 kcal/630 kJ
7 g Kohlenhydrate, 5 g Eiweiß, 10 g Fett

Sweet Turtles

Schildkröten zum Vernaschen

Süßes

Für 6 Schildkröten

6 Mürbeteigkekse mit blau gefärbtem Zuckerguss überziehen, trocknen lassen. 100 g Marzipanrohmasse mit 30 g Puderzucker und grüner Lebensmittelfarbe verkneten. Daraus 24 kleine Kugeln und 6 Schildkrötenköpfe formen.
Auf jeden Keks 4 Kugeln und 1 Kopf legen, je 1 weißen Mini-Schokokuss daraufstellen.

Obstlollis
Mit Meeresfrüchten aus Melone und Apfel

Für 6 Stück

1 geschälten Apfel und ¼ Melone (z. B. Honig-, Cantaloupe- oder Wassermelone) in ½ cm dicke Scheiben schneiden. Daraus mit Plätzchenausstechern Fische und andere Meerestiere ausstechen. Mit etwas Zitronensaft beträufeln und auf Lollistiele (aus dem Internethandel, ersatzweise Holzspieße) stecken. Die Lollis in ein Glas stellen, damit sich zur Begrüßung jedes Kind seinen Lieblingslutscher aussuchen kann.

Captain-Nuggets
Schmecken heiß und kalt

Hauptgericht

Vorbereitung: 40 Minuten
Zubereitung: 20 Minuten

Für 6 Portionen

800 g Lachsfilets
2 EL Mehl
1 TL Salz
½ TL Pfeffer aus der Mühle
2 Eier
200 g feine Semmelbrösel
   (Fertigprodukt)
Öl zum Braten

Für die Sauce:
2 Gewürzgurken
½ Apfel
200 g Vollmilchjoghurt
100 g Mayonnaise
Salz, Pfeffer aus der Mühle,
   Zucker
2 EL gehackte Kräuter

1 Am Morgen der Einladung: Die Lachsfilets waschen, trocken tupfen, eventuelle Gräten entfernen. Die Filets in 1–2 cm große Streifen schneiden. Das Mehl mit Salz und Pfeffer mischen. Die Eier in einem tiefen Teller verquirlen. Die Semmelbrösel in einen tiefen Teller füllen. Die Filetstreifen erst im Mehl, dann in den Eiern und zum Schluss in den Bröseln wenden. Die Panade gut andrücken. Die Streifen auf einen Teller legen und zugedeckt kalt stellen.

2 Für die Sauce die Gurken sehr fein würfeln. Den Apfel schälen, das Kerngehäuse entfernen. Den Apfel ebenfalls sehr fein würfeln. Den Joghurt mit der Mayonnaise verrühren, mit Salz, Pfeffer und Zucker abschmecken. Den Apfel, die Gurke und die Kräuter einrühren. Zugedeckt kalt stellen.

3 Zum Servieren: Die Remoulade in ein Schälchen oder in 6 kleine Pappschälchen füllen. Das Öl in einer großen, beschichteten Pfanne erhitzen und den Fisch darin portionsweise rundum braten. Auf Küchenpapier abtropfen lassen. Nuggets in Schälchen mit Spießen anrichten und mit der Remoulade servieren.

Pro Portion: 420 kcal/1770 kJ
23 g Kohlenhydrate, 23 g Eiweiß, 26 g Fett

Zitronenlimo-Gelee

Lässt sich gut vorbereiten

Vorbereitung: 30 Minuten
Zubereitung: 10 Minuten

Für 6 Portionen

1 unbehandelte Zitrone
½ Bund Zitronenmelisse
2 EL Zucker
1 Flasche Zitronenlimonade (0,7 l)
10 Blatt weiße Gelatine
blaue Lebensmittelfarbe
3–4 Äpfel
1–2 unbehandelte Mandarinen

1 Am Vortag: Die Zitrone heiß waschen, trocknen und mit einem Sparschäler ein Stück Schale abziehen, dann die Zitrone auspressen. 2 EL Saft beiseitestellen. Den restlichen Saft mit der Schale, Zitronenmelisse, Zucker, Zitronenlimonade und 300 ml Wasser 10 Minuten köcheln lassen. Durch ein Sieb in ein Gefäß gießen. Die Gelatine in kaltem Wasser einweichen, ausdrücken und in der warmen Limonadenmischung auflösen. Mit Lebensmittelfarbe leicht blau einfärben. Abkühlen lassen.

2 Die Äpfel waschen, vom Kerngehäuse befreien, in dünne Scheiben schneiden und mit Ausstechern Fische und andere Meerestiere ausstechen. Mit dem restlichen Zitronensaft beträufeln. Die Apfeltiere in kleine Weckgläser füllen und mit der Zitronengötterspeise übergießen. Das Gelee im Kühlschrank über Nacht fest werden lassen.

3 Zum Servieren: Die Mandarinen waschen und in Spalten schneiden. Holzspieße mit Papiersegeln (eventuell selbst gebastelt; dafür Holzspießchen mit Papierdreiecken umkleben) in die Mandarinenspalten stecken und diese auf die Götterspeise stellen. Das Gelee anrichten.

Dazu passt: Vanillesauce.

Pro Portion: 90 kcal/380 kJ
21 g Kohlenhydrate, 0 g Eiweiß, 1 g Fett

Süßes

Tipp:
Aus Früchten oder aus Käsescheiben und Paprika (siehe Abbildung Seite 101)
mit einem Ausstecher in Fisch- oder Meerestierform
Figuren ausstechen.

Clownfischtorte
Wenig Aufwand

Vorbereitung: 50 Minuten
Backzeit: ca. 30 Minuten

**Für 1 Springform
(26 cm Durchmesser)
Ergibt ca. 12 Stücke**

Für den Biskuit:
50 g Butter
4 Eier (Größe M)
150 g Zucker
120 g Mehl
50 g gemahlene geschälte Mandeln
1 TL Backpulver

Für die Füllung und den Belag:
200 g Himbeerkonfitüre
1 Marzipan-Tortendecke (300 g)
200 g Puderzucker
1 Zitrone, Saft
grüne Lebensmittelfarbe, bunte Schokolinsen (z. B. »Smarties«) und Fruchtgummibonbons zum Garnieren

1 Am Vortag: Für den Biskuit den Backofen auf 160 Grad (Umluft 140 Grad) vorheizen. Die Springform mit Backpapier auslegen. Die Butter zerlassen. Die Eier mit dem Zucker schaumig aufschlagen. Das Mehl, die Mandeln und das Backpulver unterrühren. Die flüssige Butter unterheben. Den Teig in die Form geben und im vorgeheizten Ofen etwa 30 Minuten backen. Den Biskuit auskühlen lassen, dann herausnehmen. Mit Folie abgedeckt beiseitestellen.

2 Am Morgen der Einladung: Den Biskuit waagerecht halbieren. Die Konfitüre erwärmen und auf den unteren Biskuitboden streichen. Den zweiten Boden auflegen. Die Marzipan-Tortendecke darauflegen und den Rand glatt andrücken.

3 Den Puderzucker mit dem Zitronensaft, der Lebensmittelfarbe und eventuell etwas Wasser zu einem glatten Guss verrühren und die Torte damit überziehen. Mit Schokolinsen als bunten Fisch verzieren. Aus Gummibonbons Schwanz und Flossen an den »Fisch« legen.

4 Zum Servieren: Die Torte in Stücke schneiden.

*Pro Stück: 345 kcal/1450 kJ
55 g Kohlenhydrate, 5 g Eiweiß, 11 g Fett*

Steakhouse-Party: Genuss im Country Style

Die USA sind berühmt für ihre Restaurants, in denen herrlich saftige Steaks serviert werden. Warum genießen Sie mit Ihren Gästen nicht mal einige Stunden den American Way of Life?

Das gibt's
Für 8 Personen

Aperitif
Margarita-Cocktail

Vorspeisen
Krosse Zwiebelringe
Taco-Chips mit Sauerrahm-Schnittlauch- und Rote-Bohnen-Dip

Hauptgerichte
Steak-Variationen mit Baked Potatoes, Pfannengemüse und Westernsalat

Dessert
Apple Pie à la mode

Der Zeitplan zum Buffet

Am Vortag
Dips und Kräuterbutter vorbereiten. Putensteaks in der Marinade über Nacht ziehen lassen. Eventuell den Teig für die Pie vorbereiten.

Am Morgen der Einladung
Apple Pie backen.
Kartoffeln vorkochen und vorbereiten.
Pfannengemüse vorbereiten.
Gewürzmix für die Steaks zubereiten.

1–2 Stunden bevor die Gäste kommen
Zwiebelringe vorbereiten.
Steaks aus dem Kühlschrank nehmen, damit sie Zimmertemperatur bekommen.
Kartoffeln backen.

Wenn die Gäste da sind
Dips fertigstellen und mit Taco-Chips auf den Tisch stellen.
Zwiebelringe frittieren.
Margarita zubereiten.
Nach dem Essen Apple Pie aufbacken, mit Eis servieren.

Steaks und Beilagen fertigstellen:
1. Pfannengemüse braten und im Ofen mit den Kartoffeln warm stellen oder in der Pfanne zugedeckt beiseitestellen.
2. Putensteaks braten und im Ofen auf dem Rost warm halten.
3. Rumpsteaks braten und im Ofen auf dem Rost über den Kartoffeln gar ziehen lassen.
4. Filetsteaks braten und ebenfalls im Ofen gar ziehen lassen.
5. Steaks aufschneiden und mit den Saucen und Beilagen servieren.

Margarita-Cocktail
Der US-Partyklassiker schlechthin

Aperitif

Für 6 Gläser

150 ml frisch gepresster Zitronensaft
250 ml weißer Tequila
150 ml Orangenlikör
Eiswürfel

Den frisch gepressten Zitronensaft mit dem Tequila, dem Orangenlikör und Eiswürfeln in einem hohen Gefäß gut durchmixen und in Gläser abseihen. Sehr dekorativ sieht es aus, wenn man die Glasränder erst in etwas Zitronensaft, dann in Salz taucht.

Krosse Zwiebelringe
Typisch amerikanisch

Vorspeise

3 Gemüsezwiebeln
200 ml Bier
1 Ei
150 g Mehl
1 TL Salz
1 l Öl
200 g Semmelbrösel

1 2 Stunden vorher: Die Gemüsezwiebeln schälen, in Ringe schneiden (kleinere Ringe anderweitig verwenden). Die Zwiebelringe 1 Stunde in kaltes Wasser legen. Das Bier mit dem Ei, dem Mehl und dem Salz verrühren, beiseitestellen.

2 Zum Servieren: Die Zwiebelringe gut trocken tupfen. Das Öl in einem weiten Topf erhitzen. Die Zwiebeln erst in den Bierteig tauchen, dann in Semmelbröseln wenden. Im heißen Öl portionsweise ausbacken. Auf Küchenpapier abtropfen lassen. Passt zum Aperitif oder zu den Steaks.

Rote-Bohnen-Dip
Pikant-würzig

425 g rote Bohnen (aus der Dose) abbrausen, 1 EL Bohnen beiseitelegen. Die restlichen Bohnen mit 1 Knoblauchzehe, 1 entkernten Chilischote, 100 ml Brühe (instant) und 2 EL Öl pürieren. Mit Salz, Pfeffer, Zucker, Zitronensaft und Kreuzkümmel würzen. $1/4$ grüne Paprikaschote entkernen, fein würfeln und mit den beiseitegelegten Bohnen auf den Dip streuen.

Vorspeise

Sauerrahm-Schnittlauch-Dip
Pikant-würzig

400 g Sauerrahm mit Salz, Pfeffer und Zucker würzen.
1 Bund Schnittlauch in Röllchen dazuschneiden und unterrühren.

Tipp:
Zu beiden Dips passen Taco-Chips (gibt's im Supermarkt).

Westernsalat
Herzhaft knackig-frisch

4 EL Mayonnaise
1 Zitrone, Saft
Salz, Pfeffer aus der Mühle
2–3 TL Zucker
2–3 EL geriebener Parmesan
1 Kopf Blattsalat
   (z. B. Romana)
3 Tomaten
1 rote Zwiebel
2 Scheiben Toastbrot
Butter zum Braten
2–3 EL Parmesanspäne

1 Am Morgen der Einladung: Die Mayonnaise mit dem Zitronensaft, Salz, Pfeffer, dem Zucker und dem geriebenen Parmesan verrühren. Den Blattsalat waschen, putzen, trocken schleudern und zerpflücken. Die Tomaten waschen, putzen und würfeln. Die Zwiebel schälen und in Streifen schneiden. Das Toastbrot würfeln und in Butter braten. Alles getrennt beiseite- bzw. kalt stellen.

2 Zum Servieren: Die Salatzutaten mit dem Dressing mischen. Mit den Parmesanspänen bestreuen.

Hauptgericht

Rumpsteaks mit Kräuterbutter

Pfeffersteaks

Putensteaks »Rio Grande«

Pfeffersteaks
Klassisch

Vorbereitung: 20 Minuten
Zubereitung: ca. 25 Minuten

Für 6 Portionen

2 EL weiße und schwarze Pfefferkörner
1 EL eingelegte grüne Pfefferkörner (aus dem Glas)
1 TL Salz (z. B. grobes Salz oder Meersalz)
Cayennepfeffer
3 Filetsteaks vom Rind (à 200 g)
4 EL Sonnenblumenöl
je 4 Zweige Rosmarin und Salbei
½ Bund Thymian
Butterschmalz zum Braten

1 Am Morgen der Einladung: Alle Pfefferkörner in einem Mörser grob zerstoßen, mit Salz und 1 Prise Cayennepfeffer mischen.

2 2 Stunden vor dem Servieren: Die Steaks abbrausen, trocken tupfen, mit dem Öl einpinseln und rundum mit der Gewürzmischung einreiben. Die Kräuter waschen und trocken schütteln. Die Rosmarinzweige halbieren. Die Salbeiblätter abzupfen. Alle Kräuter zugedeckt bei Zimmertemperatur beiseitestellen.

3 Zum Servieren: Den Backofen auf 100 Grad (Umluft 80 Grad) vorheizen bzw. mit den gebackenen Kartoffeln herunterschalten. Das Schmalz in einer großen Pfanne erhitzen. Die Steaks in der Pfanne im heißen Butterschmalz beidseitig je 2 Minuten anbraten. Mit den Kräutern belegen und im warmen Ofen auf dem Grillrost in 15–20 Minuten gar ziehen lassen. Die Steaks aufschneiden und mit den Kartoffeln und dem Gemüse servieren.

Dazu passen: Steaksauce, Kräuterbutter.

Pro Portion: 160 kcal/680 kJ
0 g Kohlenhydrate, 23 g Eiweiß, 7 g Fett

Hauptgericht

Rare, medium oder durch?
Während Geflügel immer ganz durchgegart wird, schmecken hochwertige Rindersteaks saftiger und zarter, wenn sie nur kurz angebraten und im Kern entweder noch blutig (»rare« bzw. »saignant«) oder rosa (»medium«) sind.

Steakhouse-Party

Putensteaks »Rio Grande«
Würzig Abbildung Seite 118

Vorbereitung: 20 Minuten
Zubereitung: 15 Minuten

Für 6 Portionen

Für die Sauce:
1 Zwiebel
2 Knoblauchzehen
2 EL Öl zum Braten
50 g brauner Zucker
100 g passierte Tomaten (Fertigprodukt)
2 TL Salz, Pfeffer aus der Mühle
2–3 EL Whisky, nach Belieben
Worcestersauce
1–2 EL Essig

Für die Steaks:
6 Putensteak-Medaillons (à ca. 80 g)
Fett zum Braten

1 Am Vortag: Die Zwiebel und den Knoblauch schälen, beides fein würfeln. Im heißen Öl dünsten. Den Zucker und die Tomaten dazugeben, 5 Minuten köcheln lassen. Mit Salz, Pfeffer, eventuell Whisky, Worcestersauce und Essig würzig abschmecken. Auskühlen lassen.

2 Die Steaks abbrausen und trocken tupfen. In einen Gefrierbeutel füllen und circa 100 ml Sauce dazugeben. Tüte verschließen und die Steaks über Nacht im Kühlschrank marinieren. Übrige Sauce zugedeckt kalt stellen.

3 2 Stunden vor dem Servieren: Die Steaks aus dem Kühlschrank nehmen.

4 Zum Servieren: Den Backofen auf 100 Grad (Umluft 80 Grad) vorheizen. Steaks aus der Marinade nehmen, etwas trocken tupfen. In einer Pfanne im heißen Fett von jeder Seite 1–2 Minuten anbraten, im warmen Ofen auf dem Grillrost fertig garen. Die übrige Sauce dazu servieren.

Pro Portion: 200 kcal/840 kJ
9 g Kohlenhydrate, 26 g Eiweiß, 4 g Fett

Karte, bitte!
Damit jeder weiß, was es zu essen gibt: Handgeschriebene oder gedruckte Menükarten auf dem Tisch verteilen (Schriftart im Western-Style verwenden, z. B. American Typewriter).

Leuchtender Leder-Look
Für rustikale Saloon-Atmosphäre sorgen dicke, mit Lederresten (Bastelbedarf) umwickelte Stumpenkerzen, die man auf Tabletts stellt.

Rumpsteaks mit Kräuterbutter

Klassisch Abbildung Seite 118

Vorbereitung: 20 Minuten
Zubereitung: 25 Minuten

Für 6 Portionen

Für die Kräuterbutter:
Je ½ Bund Petersilie und Schnittlauch
3–4 Zweige Dill und Thymian
250 g weiche Butter
Salz, Pfeffer aus der Mühle, Cayennepfeffer
½ TL abgeriebene Schale einer unbehandelten Zitrone

Für die Steaks:
3 große Rumpsteaks (à 200 g)
4 EL Sonnenblumenöl
1 Knoblauchzehe
Butterschmalz zum Braten

1 Am Vortag: Die Kräuter waschen, trocken schütteln, fein hacken, mit der Butter verrühren und mit Salz, Pfeffer, Cayennepfeffer und Zitronenschale würzen. Die Kräuterbutter auf ein großes Stück Frischhaltefolie verteilen und mithilfe der Folie zu einer Rolle formen. Kalt stellen.

2 2 Stunden vor dem Servieren: Die Steaks abbrausen, trocken tupfen, mit dem Öl einpinseln und zugedeckt bei Zimmertemperatur beiseitestellen.

3 Zum Servieren: Den Backofen auf 100 Grad (Umluft 80 Grad) vorheizen. Den Knoblauch schälen und in feine Scheiben schneiden. Die Steaks salzen, mit frisch gemahlenem Pfeffer würzen und mit dem Knoblauch in der Pfanne im heißen Fett von jeder Seite 2 Minuten anbraten. Im warmen Ofen auf dem Rost in 15–20 Minuten gar ziehen lassen. Die Steaks aufschneiden. Die Butter auswickeln, in Scheiben schneiden, zu den Steaks servieren. Das Pfannengemüse dazu reichen.

Pro Portion: 500 kcal/2100 kJ
2 g Kohlenhydrate, 23 g Eiweiß, 46 g Fett

Hauptgericht

Kleine Steakkunde

1 Filetsteak: Teuer, aber dafür wunderbar zart. Damit es nicht zu trocken wird, sollte das Filetsteak mindestens 2 cm dick geschnitten sein. Schmeckt am besten, wenn es im Innern in der Mitte mindestens noch rosa ist.

2 Rumpsteak: Beliebt, weil es schön saftig bleibt und ein tolles, kräftiges Aroma hat. Typisch ist der dünne Fettrand.

3 Putensteak: Mager und mit dezentem Eigengeschmack. Ideal: Vor dem Braten in einer Gewürzmarinade nach Geschmack marinieren und so aromatisieren.

Baked Potatoes
Einfach – der Lagerfeuerklassiker mit neuem Pfiff Im Bild oben

Zubereitung: 40 Minuten
Backzeit: ca. 30 Minuten

Für 6 Portionen

6 mittelgroße mehlig-
  kochende Kartoffeln
  (à 150 g)
Fett für die Pfanne
1 Zwiebel oder das Innere
  von den Gemüsezwiebeln
  (siehe Rezept »Krosse
  Zwiebelringe«)
50 g gewürfelter Speck
2 EL Butter

1 Am Morgen der Einladung: Die Kartoffeln waschen, in reichlich Wasser in 20 Minuten garen. Abgießen, waagerecht halbieren, etwas aushöhlen (Kartoffelmasse beiseitelegen) und die Kartoffelhälften in eine gefettete Fettpfanne setzen. Die Zwiebel schälen und fein würfeln. Mit dem Speck und der ausgeschabten Kartoffelmasse mischen. Die Füllung auf den Kartoffelhälften verteilen. Zugedeckt kalt stellen.

2 60–30 Minuten vor dem Servieren: Den Backofen auf 220 Grad (Umluft 200 Grad) vorheizen. Die Kartoffelhälften mit der Butter in Flöckchen bestreuen und im vorgeheizten Ofen circa 30 Minuten backen. Entweder herausnehmen und zu den Steaks servieren oder den Backofen auf 80–100 Grad herunterschalten und die Kartoffeln ins untere Drittel schieben. Einen Rost darüber einschieben, auf dem später die angebratenen Steaks gar ziehen können.

Pro Portion: 170 kcal/720 kJ
22 g Kohlenhydrate, 4 g Eiweiß, 6 g Fett

Buntes Pfannengemüse
Wenig Aufwand Im Bild unten

Vorbereitung: 40 Minuten
Zubereitung: 20 Minuten

Für 6 Portionen

Je 1 rote, gelbe und orangefarbene Paprikaschote
2 rote Zwiebeln
1–2 Knoblauchzehen
200 g Zuckerschoten
400 g rosa Champignons
Butterschmalz zum Braten
Salz, Pfeffer aus der Mühle,
  Cayennepfeffer
1–2 EL Ahornsirup oder Honig

1 Am Morgen der Einladung: Die Paprikaschoten halbieren, entkernen, waschen und in Streifen schneiden. Die Zwiebeln und den Knoblauch schälen, die Zwiebeln in schmale Spalten, den Knoblauch in Scheiben schneiden. Die Zuckerschoten waschen, putzen und eventuell schräg in Streifen schneiden. Die Pilze putzen, feucht abreiben und je nach Größe halbieren. Alles zugedeckt im Gemüsefach im Kühlschrank aufbewahren.

2 20 Minuten vor dem Servieren: In einer großen Pfanne Zwiebeln und Knoblauch in Schmalz andünsten, herausnehmen. Das übrige Gemüse im heißen Fett portionsweise anbraten. Alles in die Pfanne zurück geben, mit Salz, Pfeffer, Cayennepfeffer und Ahornsirup abschmecken. Das Gemüse warm stellen oder zugedeckt beiseitestellen.

Pro Portion: 70 kcal/300 kJ,
9 g Kohlenhydrate, 4 g Eiweiß, 2 g Fett

Apple Pie à la mode
Lässt sich gut vorbereiten

Vorbereitung: 50 Minuten
Backzeit: ca. 35 Minuten

Für 1 Pie- oder Springform
  (28 cm Durchmesser)
Ergibt 6 Stücke

Für den Teig:
250 g Mehl und
  Mehl zum Ausrollen
1 TL Backpulver
1 EL Zucker
Salz
150 g kalte Butter
  in Flöckchen
2 Eigelb (Größe M)
Fett für die Form, nach
  Belieben

Für die Füllung:
5–6 säuerliche Äpfel
  (z. B. Boskop; 800 g)
½ Zitrone, Saft
2 EL Butter
150 g Zucker
1 Päckchen Bourbon-
  Vanillezucker
1 TL Zimt
etwas geriebene Muskatnuss
1 Eigelb
3 EL Milch
6 Kugeln Vanilleeis

Puderzucker zum Bestäuben,
  nach Belieben

1 Am Morgen der Einladung: Das Mehl mit Backpulver, Zucker, ¼ TL Salz, Butterflöckchen, Eigelben und 3–4 EL kaltem Wasser rasch zu einem glatten Teig verkneten. In Folie gewickelt mindestens 2 Stunden (oder über Nacht) kalt stellen.

2 Die Äpfel schälen, vierteln, das Kerngehäuse entfernen und die Äpfel in Blättchen schneiden, mit dem Zitronensaft mischen. Die Butter in einer großen Pfanne mit hohem Rand erhitzen. Den Zucker und den Vanillezucker dazugeben, schmelzen lassen. Die Äpfel und die Gewürze hinzufügen und 3–4 Minuten karamellisieren lassen. Vom Herd nehmen, abkühlen lassen.

3 Den Backofen auf 180 Grad (Umluft 160 Grad) vorheizen. Zwei Drittel des Teigs auf bemehlter Fläche dünn ausrollen. Die mit Backpapier belegte oder gut gefettete Pie- oder Springform damit auslegen. Einen Rand hochziehen. Die Äpfel einfüllen. Den übrigen Teig in Größe der Form ausrollen und auf die Äpfel legen, den Rand andrücken. In der Teigmitte ein kleines Loch (z. B. in Form eines Herzens oder eines Apfels) ausstechen. Ausgestochenes Plätzchen nach Belieben auf den Teigdeckel legen. Das Eigelb mit der Milch verrühren und die Pie damit bepinseln. Im vorgeheizten Ofen im unteren Drittel circa 35 Minuten backen. Dann herausnehmen und abkühlen lassen.

4 Zum Servieren: Die Pie eventuell bei 150 Grad (Umluft 130 Grad) 20 Minuten aufbacken und nach Belieben mit Puderzucker bestäuben, in Stücke teilen. Mit je 1 Kugel Vanilleeis servieren.

Pro Stück: 720 kcal/3030 kJ
94 g Kohlenhydrate, 8 g Eiweiß, 34 g Fett

Willkommen zum Kirschenfest

Hier zeigt sich der Sommer von seiner köstlichsten Seite. Genießen Sie mit Ihren Gästen ein feines Menü mit pikanten und süßen Ideen. Und bei jedem Gang sind Kirschen der Clou.

**Das Menü
Für 6 Personen**

Zwei Aperitifs zur Wahl
Kirsch-Martini
»Shirley Temple« (alkoholfrei)

Vorspeisen
Apfelrösti mit Schinken
Pikante Pfannkuchenröllchen

Hauptgericht
Rinderfilet an Kirsch-Pfeffer-Sauce

Dessert
Kirschgrütze mit Zitroneneis

Der Zeitplan für das Menü

Am Vortag
Kirschsauce für die Apfelrösti zubereiten.
Pfannkuchen, Käsecreme und das Dessert zubereiten.

Am Morgen der Einladung
Rucola und Spinat waschen und putzen.
Braten, Kirschen, Salatzutaten und Dressing für das Hauptgericht vorbereiten.
Pfannkuchen einrollen und kalt stellen.

2 Stunden bevor die Gäste kommen
Apfelrösti zubereiten.

1 Stunde vor dem Servieren
Backofen vorheizen und den Braten in den Ofen schieben.

Zum Servieren
Vorspeisen fertigstellen.
Aperitifs zubereiten und mit den Vorspeisen servieren.
Später den Braten und die Beilagen fertigstellen und anrichten.
Danach das Dessert servieren.

Shirley Temple

Kirsch-Martini
Raffiniert

Aperitif

Für 6 Gläser

100 ml Wermut
200 ml Gin
150 ml kaltes stilles Mineralwasser
Eiswürfel
1 unbehandelte Zitrone, Zesten
1 Kirsche
1 Basilikumblättchen
6–12 EL Kirschsirup (z. B. von Göbber oder Schwartau)

Den Wermut mit 200 ml Gin, dem Mineralwasser und Eiswürfeln kräftig mischen, durch ein Sieb in gekühlte Martinigläser geben. Mit je 1 Eiswürfel, 1 Stück Zitronenschale, 1 Kirsche und 1 Basilikumblättchen garnieren. Je 1–2 EL Kirschsirup hineingeben und sofort servieren.

Passend beschirmt
Feinen Gardinenstoff über die Speichen eines alten Schirms legen. Mit Bast an den Speichenenden jeweils eine Kirsche befestigen.

Die pralle Zier
Tischkärtchen und Besteck mit reifen Kirschen und ein paar Blättern dekorieren. Wer mag, stellt noch ein Schälchen Kirschen zum Naschen dazu.

»Shirley Temple«
Alkoholfrei, spritzig

Für 6 Gläser

100 ml Zitronensaft
ca. 50 ml Zuckersirup
 (40 ml Wasser mit
 40 g Zucker aufkochen)
60 ml Grenadine
Eiswürfel
1 unbehandelte Orange,
 Zesten
ca. 300 ml Kirschsaft
Ginger Ale oder Zitronen-
 limonade zum Auffüllen
Kirschen zum Garnieren

Den Zitronensaft mit dem Zuckersirup und der Grenadine mischen, abschmecken und in 6 Gläser mit Eiswürfeln und je 1 Orangenscheibe verteilen. Mit dem Kirschsaft aufgießen. Mit Ginger Ale oder Zitronenlimonade auffüllen. Die Gläser mit Kirschen und Strohhalmen garniert servieren.

Aperitif

Dekotipp

Süßes zum Abschied
Über dieses Gastgeschenk freuen sich alle: Kleine Beutel mit Kirschen füllen, mit Bastband zubinden und Kirschlollis oder -bonbons daran befestigen.

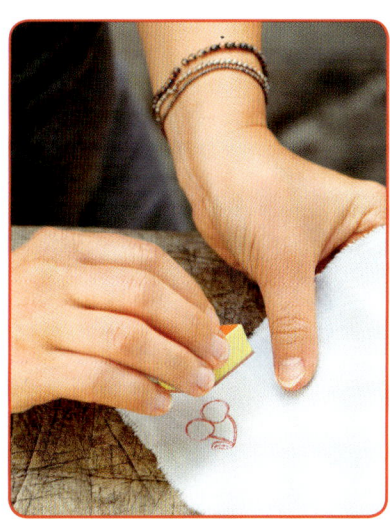

Druckreif
Mit kleinen Kirschstempeln können Sie Stoff oder Papierservietten dekorieren.

Kirschenfest | 131

Apfelrösti mit Schinken
Knusprig-raffinierter Appetizer

Vorbereitung: 40 Minuten
Zubereitung: 30 Minuten

Für 6 Portionen

200 g Süßkirschen
1 Schalotte
1 EL Butter und Butter oder Öl zum Braten
½ Zitrone, Saft
1 EL Aceto balsamico
Salz, Pfeffer aus der Mühle, Zucker
gemahlener Kardamom
1 TL Speisestärke
1 Bund Rucola
500 g festkochende Kartoffeln
1 Zwiebel
1 grüner Apfel (z. B. Granny Smith)
1 Ei
1 EL Mehl
6 hauchdünne Scheiben Schwarzwälder Schinken

1 Am Vortag: Die Kirschen waschen, entsteinen und hacken. Die Schalotte schälen, würfeln und in 1 EL Butter andünsten. Die Kirschen dazugeben. Mit 2 EL Zitronensaft und 100 ml Wasser ablöschen, 5 Minuten köcheln lassen. Mit Essig, Salz, Pfeffer, Zucker und Kardamom würzen. Die Stärke anrühren, in die Kirschen rühren und alles aufkochen. Abkühlen lassen, dann zugedeckt kalt stellen.

2 Am Morgen der Einladung: Den Rucola waschen, putzen, trocknen und zugedeckt beiseitestellen.

3 2 Stunden bevor die Gäste kommen: Die Kartoffeln schälen und waschen. Die Zwiebel schälen, den Apfel waschen und vom Kerngehäuse befreien. Alles in eine große Schüssel grob reiben. 1–2 EL Zitronensaft unterheben. Die Masse in ein Küchentuch geben, gut ausdrücken und mit dem Ei, Salz, Pfeffer und dem Mehl vermischen. Im heißen Fett nacheinander 6 Puffer ausbacken. Auf Küchenpapier abtropfen lassen. Zugedeckt beiseitestellen.

4 Zum Servieren: Die Apfelrösti im Backofen bei 100 Grad (Umluft 80 Grad) aufwärmen. Die Rösti herausnehmen, mit dem Schinken belegen, mit dem Rucola und dem Kirschdip auf Tellern anrichten und servieren.

Pro Portion: 180 kcal/760 kJ
21 g Kohlenhydrate, 7 g Eiweiß, 7 g Fett

Pikante Pfannkuchenröllchen
Mit Gorgonzola gefüllt

Vorbereitung: 40 Minuten
Zubereitung: 20 Minuten

Für 6 Portionen

1 Ei
130 ml Milch
Salz
60 g Mehl
1 Msp. Backpulver
Butter oder Öl zum Braten
200 g Doppelrahmfrischkäse
50 g Edelschimmelkäse
 (z. B. Gorgonzola)
Pfeffer aus der Mühle
1 Prise Zucker
etwas abgeriebene Schale
 einer unbehandelten
 Zitrone
300 g Süßkirschen und
 Kirschen zum Garnieren

1 Am Vortag: Das Ei mit der Milch, 1 Prise Salz, dem Mehl und dem Backpulver zu einem Teig verrühren und 30 Minuten ruhen lassen. Butter oder Öl in einer großen Pfanne erhitzen, 1 Kelle Teig einfüllen, 2–3 Minuten backen. Wenden und fertig backen. So weiterverfahren, bis der Teig aufgebraucht ist. Die Pfannkuchen abkühlen lassen und zugedeckt kalt stellen.

2 Den Frischkäse mit dem Edelschimmelkäse verrühren. Mit Salz, Pfeffer, Zucker und Zitronenschale würzen. Die Kirschen waschen, entsteinen, fein hacken und unterheben. Zugedeckt kalt stellen.

3 Am Morgen der Einladung: Jeweils 2–3 EL der Käse-Kirsch-Masse auf einen Pfannkuchen streichen, diesen einrollen und in Frischhaltefolie gewickelt kalt stellen.

4 Zum Servieren: Die Folie von den Pfannkuchenröllchen entfernen. Die Pfannkuchen in 1 cm breite Scheiben schneiden, Holzspießchen hineinstecken und auf einer Platte mit der Käse-Kirsch-Creme anrichten. Zum Aperitif servieren.

Pro Portion: 265 kcal/1120 kJ
16 g Kohlenhydrate, 9 g Eiweiß, 19 g Fett

Vorspeise

Rinderfilet an Kirsch-Pfeffer-Sauce
Zart und saftig

Vorbereitung: 40 Minuten
Bratzeit: ca. 35 Minuten

Für 6 Portionen

300 g Blattspinat
100 g geröstete, gesalzene Mandeln
1 Schalotte
6 EL Aceto balsamico
Salz, Pfeffer aus der Mühle
Zucker oder Honig
1 TL Senf
4 EL Sonnenblumenöl
1 Zwiebel
3 Knoblauchzehen
1,2 kg Rinderfilet (beim Metzger vorbestellen)
je 300 g Sauer- und Süßkirschen
1 Bund Thymian
Fett zum Braten
100 ml Portwein
200 ml Rinderfond (aus dem Glas)
200 ml Kirschsaft
2 TL eingelegte Pfefferkörner (aus dem Glas)
2 TL Speisestärke

1 Am Morgen der Einladung: Den Spinat waschen und putzen. Die Mandeln grob hacken. Die Schalotte schälen, fein würfeln und mit Essig, Salz, Pfeffer, Zucker oder Honig und Senf verrühren und abschmecken. Das Öl unterschlagen. Die Zwiebel und den Knoblauch schälen, die Zwiebel würfeln, den Knoblauch hacken. Beides beiseitestellen. Das Rinderfilet abbrausen, eventuell von Fett und Sehnen befreien. Die Kirschen waschen und entsteinen. Alles zugedeckt kalt stellen. Den Thymian waschen und trocken schütteln.

2 1 Stunde vorher: Den Backofen auf 150 Grad (Umluft 130 Grad) vorheizen. Das Filet salzen, pfeffern und im heißen Fett rundum anbraten. Mit der Zwiebel, dem Knoblauch und dem Thymian in einen Bräter legen und im vorgeheizten Ofen circa 35 Minuten braten.

3 Zum Servieren: Den Braten herausnehmen und in Folie wickeln. Den Bratensatz mit dem Portwein ablöschen und durch ein Sieb in einen Topf gießen. Den Fond und den Kirschsaft dazugeben, einköcheln lassen. Die Sauerkirschen und die Pfefferkörner einrühren, abschmecken. Mit der Stärke binden. Den Spinat mit dem Dressing, den Mandeln und den Süßkirschen mischen. Das Filet aufschneiden und mit der Sauce und dem Spinatsalat servieren.

Dazu passt: Baguette.

Pro Portion: 555 kcal/2340 kJ
17 g Kohlenhydrate, 50 g Eiweiß, 29 g Fett

Hauptgericht

Kirschgrütze mit Zitroneneis

Lässt sich gut vorbereiten

Vorbereitung: 50 Minuten
Kühlzeit: mindestens 4 Stunden

Für 6 Portionen

Für das Eis:
150 g Süßkirschen
150 ml Schlagsahne
1 unbehandelte Zitrone, Saft und 1–2 TL abgeriebene Schale
180 g Puderzucker
400 g saure Sahne

Für die Kirschgrütze:
400 g Sauerkirschen
300 ml Kirschsaft
ca. 150 g Zucker
2 Gewürznelken
1 Stange Zimt
1 gestrichener EL Speisestärke
Minzeblättchen zum Garnieren, nach Belieben

1 Am Vortag: Für das Eis die Süßkirschen waschen, entsteinen, grob hacken, die Hälfte pürieren. Die Schlagsahne mit Zitronensaft und -schale, dem Puderzucker und der sauren Sahne verrühren. Die Masse in der Eismaschine gefrieren lassen. Kurz bevor sie ganz gefroren ist, die Kirschen und das Kirschpüree dazugeben.

2 Für die Grütze die Sauerkirschen waschen und entsteinen, den Saft dabei auffangen. Die Kirschen mit dem Kirschsaft sowie dem beim Entsteinen aufgefangenen Saft, dem Zucker und den Gewürzen aufkochen. Die Kirschen einrühren und alles 5–10 Minuten köcheln lassen. Eventuell mit zusätzlich Zucker abschmecken. Die Stärke mit 3–4 EL kaltem Wasser glatt rühren, unter die Kirschmischung rühren und einmal aufkochen. Die Grütze in einer Schüssel abkühlen lassen, dann zugedeckt kalt stellen.

3 Zum Servieren: Das Eis eventuell 30 Minuten im Kühlschrank antauen lassen. Die Zimtstange und die Nelken aus der Grütze entfernen, die Grütze in Schälchen füllen. Das Eis mit einem Eisportionierer zu Kugeln formen und auf der Grütze verteilen. Nach Belieben mit Minzeblättchen garniert servieren.

Pro Portion: 515 kcal/2170 kJ
75 g Kohlenhydrate, 4 g Eiweiß, 21 g Fett

Schulanfang: Süß und fröhlich

**Das gibt es
Für 10 Partygäste**

Getränke
Dreierlei Limonaden

Kuchen
Lineal-Kekskuchen
Punktetorte mit Mandarinen
Abc-Kuchenwürfel

Kleinigkeiten für zwischendurch
Schultüten zum Schlecken
Obstspieße

Lange hat der Nachwuchs dem ersten Schultag entgegengefiebert. Nun ist es endlich so weit, und das muss mit Freundinnen, Freunden und Familie natürlich gefeiert werden. Wir sorgen dafür, dass der »Ernst des Lebens« für alle süß und fröhlich beginnt.

Punkte-Torte mit Mandarinen

Erfrischende Obstspieße

Der Zeitplan zum Buffet

1–2 Tage vorher
Sirup für die Limonaden herstellen.

Am Vortag
Lineal-Kekskuchen zubereiten, Punktetorte und Abc-Kuchenwürfel backen.

Am Morgen der Einladung
Lineal-Kekskuchen aus der Form nehmen, garnieren. Limonaden zubereiten.

1 Stunde vor dem Servieren
Punktetorte verzieren. Obstspieße zubereiten.

Zum Servieren
Kuchen, Torte und Früchte auf den Tisch stellen.
Limonaden mit Mineralwasser oder stillem Wasser und Sekt dazustellen.
Schultüten zum Schlecken kurz vor dem Servieren zubereiten.

Dreierlei Limonaden
Fruchtige Erfrischung

Getränk

5 unbehandelte Zitronen, Schale und Saft
100 g Zucker
300 ml Holunderblütensirup
400 ml Traubensaft
400 ml Orangensaft
400 ml Ananassaft
Mineralwasser oder Sekt zum Auffüllen

1 1–2 Tage vorher: Die Zitronen heiß abwaschen, abtrocknen und die Schalen dünn abschälen, die Zitronen auspressen. Saft und Schale mit dem Zucker, dem Holunderblütensirup und 200 ml Wasser 10 Minuten köcheln lassen. Kalt stellen.

2 Am Morgen: Den Zitronensirup durch ein Sieb gießen und auf drei Flaschen verteilen. Die erste mit dem Traubensaft, die zweite mit dem Orangensaft und die dritte mit dem Ananassaft auffüllen.

3 Zum Servieren: Jeder kann sich von den Basislimonaden nehmen und mit Mineralwasser oder Sekt (für die Erwachsenen) auffüllen.

Dekotipp

Mini-Schultüten als Geschenk für die Gäste
Aus Kartonpapier Kreise ausschneiden (30 cm Durchmesser), einmal mittig falten und zu Tüten drehen. Der Länge nach festkleben. Die Öffnungen gerade schneiden und daran Krepppapier ankleben. Die Tüten zum Beispiel mit Bonbons und Buntstiften füllen und zuschnüren.

Schuldeko fürs Kaffeegeschirr
Kleine Tafeln (Bastelladen) weisen die jungen Gäste an ihre Plätze. Tassen lassen sich leicht, zum Beispiel mit einem unbenutzten in Würfel geschnittenen Schwamm, Buntstift und Geschenkband, verzieren.

Lineal-Kekskuchen
Lässt sich gut vorbereiten

Zubereitung: 40 Minuten
Kühlzeit: über Nacht

Für 1 Kastenform
 (25 cm Länge)
Ergibt ca. 25 Stücke

200 g Zartbitterkuvertüre
200 g Vollmilchkuvertüre
200 g Butter
3 EL Mandelsirup (im Kaffee-
 oder Getränkeregal)
250 g Orangenkekse
 (zartes Orangengebäck,
 z. B. »Azora« von Bahlsen)
100 g weiße Kuvertüre
Orangengeleefrüchte zum
 Garnieren, nach Belieben

1 Am Vortag: Die Zartbitter- und Vollmilchkuvertüre hacken. Mit der Butter in einer Schüssel über einem warmen Wasserbad schmelzen. Den Mandelsirup einrühren. Die Masse im kalten Wasserbad abkühlen lassen, dabei ab und zu umrühren, bis die Masse anfängt dicklich zu werden. Die Form mit Frischhaltefolie auslegen. Eine dünne Schicht der Schokomasse auf den Boden der Kastenform streichen. Mit den Keksen belegen. So weiterschichten, bis Schokomasse und Kekse verbraucht sind. Den Kuchen zugedeckt über Nacht kalt stellen.

2 Am Morgen der Einladung: Den Kuchen aus der Form stürzen, die Folie abziehen. Eventuell eine Backpalette (oder ein langes Messer) in heißes Wasser tauchen, gut abtrocknen, den Kuchen mit der Palette glatt streichen. Die weiße Kuvertüre hacken und in einem Topf bei kleiner Hitze schmelzen. In einen Einmal-Spritzbeutel geben und den Kuchen damit wie ein Lineal verzieren. Fest werden lassen. Den Kuchen kalt stellen.

3 Zum Servieren: Den Kuchen nach Belieben mit Orangengeleefrüchten garnieren und servieren.

Pro Stück: 215 kcal/910 kJ
19 g Kohlenhydrate, 3 g Eiweiß, 14 g Fett

Dekotipp

Coole Unterlage für Torten
Kühlakkus erst in Küchen-,
dann in Geschenkpapier wickeln.
So steht die Torte dekorativ
und gekühlt auf der Kaffeetafel.

Punktetorte mit Mandarinen
Saftig und erfrischend – lässt sich gut vorbereiten

Vorbereitung: 20 Minuten
Zubereitung: 60 Minuten
Backzeit: ca. 40 Minuten

Für 1 Springform
  (28 cm Durchmesser)
Ergibt ca. 16 Stücke

Für den Mürbeteig:
120 g Mehl
30 g Zucker
1 Prise Salz
60 g kalte Butter
1 Eigelb

Für den Biskuit:
4 Eier (Größe M)
100 g Zucker
120 g Mehl
2 TL Backpulver
60 g zerlassene Butter

Für Füllung und Belag:
2 Dosen Mandarin-Orangen
  (à 175 g Abtropfgewicht)
3 EL Aprikosenkonfitüre
1 Päckchen heller Tortenguss
8 Blatt weiße Gelatine
500 g Quark (20 % Fett)
1 unbehandelte Zitrone, Saft,
  2 TL abgeriebene Schale
150 g Zucker
3 EL Mandarinensirup
400 ml Schlagsahne

Für die Verzierung:
200 g Marzipanrohmasse
100 g Puderzucker
Lebensmittelfarben

1 **Am Vortag:** Den Backofen auf 180 Grad (Umluft 160 Grad) vorheizen. Für den Mürbeteig das Mehl mit dem Zucker, dem Salz, der kalten Butter in Flöckchen, 2 EL kaltem Wasser und dem Eigelb verkneten. Zu einer Kugel formen und in Folie gewickelt 30 Minuten kalt stellen. Dann den Teig dünn ausrollen und eine mit Backpapier ausgelegte Springform damit auskleiden. Den Teig mehrmals mit einer Gabel einstechen und im vorgeheizten Ofen 20 Minuten backen. Auskühlen lassen, aus der Form nehmen.

2 Den Backofen auf 180 Grad (Umluft 160 Grad) geheizt lassen. Für den Biskuit die Eier trennen. Das Eiweiß steif schlagen. Die Eigelbe mit dem Zucker schaumig schlagen. Das Mehl, das Backpulver und die flüssige Butter einrühren. Den Eischnee unterheben. Die Masse in die mit Backpapier ausgelegte Springform füllen und im vorgeheizten Ofen etwa 30 Minuten backen. Auskühlen lassen, aus der Form nehmen.

3 Die Mandarinen abtropfen lassen, den Saft dabei auffangen. Um den Mürbeteigboden den Springformring legen. Die Konfitüre auf dem Mürbeteigboden verstreichen. Den Biskuit auflegen und die Mandarinen darauf verteilen. Das Tortengusspulver mit dem aufgefangenen Mandarinensaft (250 ml) nach Packungsangabe (ohne Zucker) zubereiten und auf die Mandarinen gießen. Fest werden lassen.

4 Die Gelatine einweichen. Den Quark mit Zitronensaft und -schale sowie dem Zucker verrühren. Die Gelatine im Mandarinensirup bei kleiner Hitze auflösen. 3–4 EL der Quarkmasse einrühren, dann die Gelatinemischung unter die restliche Quarkmasse rühren. 300 ml Schlagsahne steif schlagen und unter die Quarkcreme rühren. Auf den Mandarinen verteilen, glatt streichen. Alles zugedeckt kalt stellen.

5 Für die Verzierung die Marzipanrohmasse mit dem Puderzucker verkneten, in Stücke teilen und mit verschiedenen Lebensmittelfarben einfärben. Dann die Masse ausrollen, Kreise daraus ausstechen und Buntstifte formen.

6 **1 Stunde vor dem Servieren:** Die Torte mit Marzipanpunkten und -buntstiften garnieren. Die restliche Schlagsahne steif schlagen und den Tortenrand damit einstreichen. Die Torte bis zum Servieren kalt stellen.

Pro Stück: 380 kcal/1600 kJ
42 g Kohlenhydrate, 8 g Eiweiß, 19 g Fett

Abc-Kuchenwürfel
Lässt sich gut vorbereiten

Vorbereitung: 20 Minuten
Zubereitung: 60 Minuten
Backzeit: ca. 40 Minuten

Für 1 Backblech
Ergibt ca. 48 Stück

400 g Karotten
2 EL Zitronensaft
250 g weiche Butter
250 g Zucker
1 Prise Salz
6 sehr frische Eier (Größe M)
300 g Mehl
1 Päckchen Backpulver
200 g gemahlene Haselnüsse

Für den Guss:
1 Zitrone
400 g Puderzucker
1 Eiweiß
Lebensmittelfarbe
Fruchtgummibonbons in Buchstabenform

1 Am Vortag: Den Backofen auf 180 Grad (Umluft 160 Grad) vorheizen. Die Karotten schälen, putzen und fein raspeln. Mit dem Zitronensaft beträufeln. Die Butter mit dem Zucker und dem Salz schaumig rühren. Die Eier unterschlagen. Das Mehl und das Backpulver unterrühren. Die Haselnüsse und die geraspelten Karotten unterrühren. Den Teig auf ein mit Backpapier ausgelegtes tiefes Backblech streichen und im vorgeheizten Ofen circa 40 Minuten backen.

2 Den Kuchen etwas abkühlen lassen und auf ein Gitter oder Brett stürzen, das Papier abziehen. Die Zitrone auspressen und mit dem Puderzucker und dem Eiweiß mit den Schneebesen des Handrührgeräts zu einem dickflüssigen Guss verrühren. In zwei oder drei Portionen teilen, jeweils mit Lebensmittelfarbe nach Belieben einfärben. Den Kuchen in Würfel von circa 4 cm Kantenlänge schneiden. Jeden Würfel mit dem Guss überziehen bzw. mit einer Palette rundum dünn bestreichen. Die Kuchenwürfel rundum mit Fruchtgummibonbons belegen. Auf einem Gitter trocknen lassen. Mit Frischhaltefolie abdecken und über Nacht beiseitestellen.

3 Zum Servieren: Abc-Kuchenwürfel auf einer Platte anrichten und servieren.

Pro Stück: 360 kcal/1520 kJ
56 g Kohlenhydrate, 10 g Eiweiß, 9 g Fett

Tipp: Schnelle Deko
Statt jeden Würfel einzeln mit Zuckerguss zu überziehen, den Kuchen bereits auf dem Blech mit Zuckerguss bestreichen (dann braucht man nur die Hälfte Guss), trocknen lassen und dann in Stücke schneiden.

Schultüten zum Schlecken
Eine köstlich-kühle Erfrischung

Zubereitung: 20 Minuten

Für 10 Portionen

- 300 g tiefgekühlte Beeren (z. B. Waldbeeren)
- 200 ml Schlagsahne
- 1 Päckchen Bourbon-Vanillezucker
- 1 Päckchen Sahnesteif
- 80 g Puderzucker
- 10 Eiswaffeltüten (am Eisregal)
- bunte Zuckerperlen zum Garnieren

1 20 Minuten vor dem Servieren: Die Beeren gefroren in eine hohe Schüssel geben, 10 Minuten antauen (nicht auftauen!) lassen. Die Schlagsahne mit dem Vanillezucker und dem Sahnesteif steif schlagen. Die Beeren mit dem Puderzucker pürieren, sodass eine cremige, sorbetartige Masse entsteht. Mit einem Schneebesen vorsichtig unter die Schlagsahne heben. Die Schlagsahnemasse in einen Spritzbeutel mit großer Sterntülle füllen, 10–15 Minuten tiefkühlen.

2 Zum Servieren: Das Eis rasch in die Eistüten spritzen. Mit bunten Zuckerperlen garnieren und sofort (eventuell mit einem Löffel) servieren.

Pro Portion: 225 kcal/950 kJ
23 g Kohlenhydrate, 2 g Eiweiß, 14 g Fett

Tipp: Eis vorbereiten
Sie können das Eis auch am Vortag zubereiten und in einer Schüssel einfrieren. Zum Servieren das Eis im Kühlschrank 1 Stunde antauen lassen, mit einem Eisportionierer Kugeln abstechen und in Waffeln verteilen.

Erfrischende Obstspieße
Bunt und gesund

Kalte Früchte sind ein vitaminreicher Snack für zwischendurch. Dafür gewaschenes Obst wie Erdbeeren, Trauben, Ananas- und Melonenfruchtfleisch in Schalen bereitstellen. Das Aufstecken auf Spieße nehmen die Kids gern selbst in die Hand.

Praktisch und schön
Für Geschenk- und Eistüten empfiehlt es sich, Ständer zu basteln. Dazu über die Öffnung zum Beispiel von bemalten Spankörbchen oder Obstkörbchen kreuz und quer farbige Bänder spannen. Dann die Tüten in die Lücken stecken.

Herbstlich feiern mit Quiche und Wein

Es muss nicht immer das große Menü sein, um mit Freunden einen schönen Abend zu verbringen. Schließlich möchte man selbst mitfeiern und nicht die ganze Zeit in der Küche stehen. Deshalb lassen wir den Herbst mal Gastgeber spielen – mit allem, was er zu bieten hat: Mit Kürbis bietet er Ihnen eine herzhafte Suppe, mit Wirsing und Speck pikante Kuchen und mit goldenen Früchten ein tolles Dessert.

Das gibt es
Für 8 Personen

Aperitif
Birnen-Cocktail

Vorspeisen
Traubensalat
Kürbissuppe

Hauptgerichte
Gemüse-Quiche
Wirsing-Quiche mit Speck

Dessert
Quarkmousse mit Mirabellen

Traubensalat

Gemüse-Quiche

Der Zeitplan zum Buffet

Am Vortag
Die Suppe zubereiten.
Wirsing-Quiche und Gemüse-Quiche vorbereiten.
Mousse und Kompott zubereiten und kalt stellen.

Am Morgen der Einladung
Pilze und Salat vorbereiten.
Quiches vorbacken.

Zum Servieren müssen Sie nur noch …
… die Suppe erwärmen und servieren.
Salat zubereiten.
Quiches nacheinander fertig backen und zum Salat servieren.
Anschließend das Dessert reichen.

Birnen-Cocktail
Fruchtiger Gute-Laune-Start

Aperitif

Für 8 Gläser

500 ml Birnensaft
80 ml Birnenlikör
150 ml Wermut
 (z. B. Noilly Prat)
1 unbehandelte Orange,
 abgeriebene Schale
Eiswürfel
Prosecco zum Auffüllen

Den Birnensaft mit dem Birnenlikör und dem Wermut mischen. Die Orange heiß abwaschen, trocknen. Die Schale dünn abschälen und in 8 Stücke teilen. In 8 Gläser je 1 Stück Orangenschale und Eiswürfel geben. Die Saftmischung darauf verteilen. Mit Prosecco auffüllen.

Traubensalat
Knackige Beilage   Abbildung Seite 152

Vorspeise

Vorbereitung: 30 Minuten
Zubereitung: 15 Minuten

Für 8 Portionen

1 Bund Rucola
1 Kopf Romanasalat
je 100 g blaue und grüne
 Weintrauben
je 50 g Walnuss- und Haselnusskerne
2 Zwiebeln
4 Thymianzweige
3 EL Olivenöl
1 TL Zucker
Salz
3 EL Aceto balsamico

1 Am Morgen der Einladung: Die Salate waschen, trocken schleudern, putzen und zerzupfen. In einem Gefrierbeutel im Kühlschrank aufbewahren. Die Trauben waschen, trocknen, halbieren und entkernen. Die Nüsse grob hacken, in einer Pfanne ohne Fett rösten. Alles zugedeckt beiseitestellen.

2 Zum Servieren: Die Zwiebeln schälen und in Spalten teilen. Den Thymian waschen und trocken schütteln. Das Öl erhitzen und Zwiebeln, Thymian, Nüsse und Zucker darin bei mittlerer Hitze 5 Minuten bräunen. Salate und Trauben in eine Schüssel geben. Die warme Zwiebel-Nuss-Mischung zugeben, würzen, mit Essig beträufeln, durchmischen. Zur Quiche servieren.

Pro Portion: 200 kcal/840 kJ
7 g Kohlenhydrate, 4 g Eiweiß, 17 g Fett

Herbstliche Kürbissuppe
Cremig-fein – gut vorzubereiten

Vorbereitung: 45 Minuten
Zubereitung: 30 Minuten

Für 8 Portionen

- 500 g Kürbis (z. B. Hokkaido)
- 1 mehligkochende Kartoffel (ca. 200 g)
- 1 Zwiebel
- 3 EL Butter
- 1 Dose Maiskörner (Abtropfgewicht 140 g)
- 60 ml Wermut (z. B. Noilly Prat)
- 1,2 l Geflügelfond (aus dem Glas; ersatzweise Brühe)
- 400 g Steinpilze, ersatzweise Champignons oder andere Pilze
- 1 Bund glatte Petersilie
- Salz, Pfeffer aus der Mühle
- 200 ml Schlagsahne

Vorspeise

1 Am Vortag: Den Kürbis schälen, entkernen und in Würfel teilen. Die Kartoffel schälen, waschen und würfeln. Die Zwiebel schälen und fein würfeln.

2 Die Zwiebel in einem großen Topf in 1 EL heißer Butter andünsten. Die Kürbis- und Kartoffelwürfel und den abgetropften Mais zugeben. Mit dem Wermut ablöschen und 2 Minuten einköcheln lassen. Den Fond angießen und alles aufkochen. Das Gemüse circa 15 Minuten gar kochen. Dann abkühlen lassen, pürieren und durch ein Sieb passieren. Zugedeckt kalt stellen.

3 Am Morgen der Einladung: Die Pilze putzen, mit einem feuchten Tuch zudecken.

4 Zum Servieren: Die Suppe erwärmen. Die Petersilie waschen, trocknen, die Blättchen abzupfen und fein hacken. Die Pilze in Scheiben schneiden und in der restlichen Butter (2 EL) 3–4 Minuten braten. Salzen, pfeffern und mit der gehackten Petersilie bestreuen. Die Sahne in die Suppe rühren, die Suppe abschmecken und mit dem Pürierstab aufmixen. Die Suppe in tiefe Teller geben, die Pilze darauf verteilen und servieren.

Dazu passt: Baguette.

Pro Portion: 160 kcal/680 kJ
9 g Kohlenhydrate, 4 g Eiweiß, 11 g Fett

Tipp: Suppe auf Vorrat
Sie können die Suppe, ohne Petersilie, Schlagsahne und Pilze, bis zu drei Wochen vorher zubereiten und einfrieren. Zum Servieren im Topf auftauen und erwärmen. Die Schlagsahne untermixen und die Suppe mit frisch gehackter Petersilie und frisch gebratenen Pilzen anrichten.

Quiche-Party

Gemüse-Quiche
Pikant-würzig

Vorbereitung: 40 Minuten
Back- und Kühlzeit:
  80 Minuten

Für 1 Quicheform
  (30 cm Durchmesser)

Für den Teig:
200 g Mehl
200 g kalte Butter und Butter für die Form
200 g Magerquark
1 Prise Salz
getrocknete Hülsenfrüchte zum Blindbacken

Für den Belag:
1 Glas halbierte marinierte Artischockenherzen (Abtropfgewicht 220 g)
400 g Kirschtomaten
80 g entsteinte schwarze Oliven
4 Zweige Thymian
Salz, Pfeffer aus der Mühle
200 g Ziegenfrischkäse
2 Eier
150 g Crème fraîche
150 ml Milch

1 Am Vortag: Das Mehl mit der Butter, dem Quark und dem Salz rasch verkneten. Zwischen aufgeschnittenen Gefrierbeuteln ausrollen. Die gefettete Form damit auslegen, einen Rand hochziehen. Den Teig 20 Minuten kalt stellen. Den Backofen auf 200 Grad vorheizen. Den Teig mit Backpapier belegen, mit Hülsenfrüchten beschweren und im Ofen circa 10 Minuten backen. Das Papier und die Hülsenfrüchte entfernen (die Hülsenfrüchte können wieder zum Blindbacken verwendet werden) und den Teig weitere 5–10 Minuten backen. Den Quicheboden zugedeckt beiseitestellen.

2 Am Morgen der Einladung: Die Artischockenherzen abtropfen lassen. Die Tomaten waschen, putzen, mit dem Messer kreuzweise einritzen. Die Oliven abtropfen lassen. Den Thymian waschen, trocken schütteln, die Blättchen abzupfen und fein hacken. Mit den Artischocken, den Tomaten und den Oliven mischen. Salzen und pfeffern. Den Ziegenfrischkäse in Brocken teilen und locker unter das Gemüse heben. Alles auf dem Quicheboden verteilen. Die Eier mit der Crème fraîche und der Milch verquirlen, salzen, pfeffern und die Masse auf die Quiche gießen. Im Ofen 30 Minuten vorbacken. Zugedeckt beiseitestellen. Zum Servieren die Quiche im Backofen bei 200 Grad in etwa 10 Minuten fertig backen.

Pro Portion: 510 kcal/2150 kJ
24 g Kohlenhydrate, 13 g Eiweiß, 41 g Fett

Dekotipp

Herbstlaub als Platzkärtchen
Blätter sammeln, trocknen und mit einem Goldstift die Namen der Gäste draufschreiben. Auf die Teller legen.

Blatt-Untersetzer
Auf dünnen Filz (aus dem Bastelgeschäft) Blätter legen, die Umrisse aufzeichnen und ausschneiden.

Wirsing-Quiche mit Speck
Rustikal und herzhaft

Vorbereitung: 50 Minuten
Back- und Ruhezeit:
  90 Minuten

Für 1 Springform
  (30 cm Durchmesser)
  oder 8 Tarteförmchen
  (10 cm Durchmesser)

Für den Belag:
½ Kopf Wirsingkohl
  (ca. 600 g)
1 TL Salz
½ TL Kümmelsamen
150 g Frühstücksspeck
  in Scheiben
2 EL Butter
2 EL Apfelessig
Pfeffer aus der Mühle
1 rotschaliger Apfel
etwas Zitronensaft
2 Eier
150 g Crème fraîche
150 ml Milch
1 Bund glatte Petersilie

Für den Teig:
250 g Mehl und
  Mehl zum Ausrollen
½ Würfel frische Hefe (20 g)
¼ TL Salz
3 EL Olivenöl
Fett für die Form

1 Am Vortag: Den Kohl putzen, in feine Streifen schneiden und mit dem Salz und dem Kümmel verkneten. Die Hälfte des Specks in Streifen schneiden und in einem großen Topf zerlassen. Die Butter zugeben, den Kohl einrühren und alles 3 Minuten dünsten. Mit dem Essig ablöschen. 3–4 Minuten im geschlossenen Topf schmoren. Mit Salz und Pfeffer würzen, zugedeckt kalt stellen.

2 Am Morgen der Einladung: Für den Teig das Mehl in eine Schüssel geben und eine Mulde hineindrücken. Die Hefe hineingeben und mit 2–3 EL lauwarmem Wasser verrühren. Den Teig 30 Minuten ruhen lassen. Dann das Mehl mit dem Hefeansatz, dem Salz, dem Öl und etwa 100 ml warmem Wasser verkneten. 30 Minuten zugedeckt ruhen lassen.

3 Inzwischen den Apfel waschen, halbieren, entkernen, in Spalten teilen und mit Zitronensaft beträufeln. Den Backofen auf 200 Grad vorheizen. Die Eier mit der Crème fraîche und der Milch verrühren und würzen. Den Teig auf bemehlter Fläche ausrollen und die gefettete Spring- oder 8 Tarteformen damit auslegen. Einen Rand hochziehen. Den Kohl und den Apfel darauf verteilen, mit der Eiermilch übergießen. Die Quiche im vorgeheizten Ofen circa 30 Minuten backen, dann herausnehmen.

4 Zum Servieren: Den restlichen Speck braten, auf Küchenpapier abtropfen lassen. Die Petersilie waschen, trocken schütteln und hacken. Die Quiche im Backofen bei 200 Grad in circa 15 Minuten fertig backen. Mit Speck und Petersilie bestreut servieren.

Pro Portion: 305 kcal/1290 kJ
28 g Kohlenhydrate, 12 g Eiweiß, 16 g Fett

Hauptgericht

Quarkmousse mit Mirabellen
Zart, fein und fruchtig

Vorbereitung: 60 Minuten
Zubereitung: 10 Minuten

Für 8 Portionen

Für das Kompott:
600 g Mirabellen
½ Vanilleschote
100 ml weißer Portwein, ersatzweise Traubensaft
300 ml Apfelsaft
1 Zimtstange
2 Gewürznelken
4 EL Zucker
2 TL Speisestärke

Für die Quarkmousse:
4 Blatt weiße Gelatine
1 Vanilleschote
1 Orange, Saft (ca. 100 ml)
100 g Zucker
250 g Magerquark
150 g Sahnejoghurt
200 ml Schlagsahne

1 **Am Vortag:** Die Mirabellen waschen und entsteinen. Die Vanilleschote längs aufschneiden und mit Mirabellen, Portwein, Apfelsaft, Zimtstange und Nelken 5 Minuten köcheln. In ein Sieb abgießen, den Sud auffangen und zurück in den Topf gießen. Mit dem Zucker abschmecken. Die Stärke mit 1 EL kaltem Wasser anrühren, in den Sud rühren, einmal aufkochen. Die Früchte wieder zugeben.

2 Für die Mousse die Gelatine einweichen. Die Vanilleschote längs aufschneiden und das Mark herausschaben. Den Orangensaft mit dem Zucker erwärmen. Die Gelatine ausdrücken und in den Orangensaft einrühren, bis sie sich gelöst hat. Den Quark mit dem Joghurt und dem Vanillemark verrühren. Die Orangenmischung einrühren, dann kalt stellen, bis die Masse anfängt zu gelieren. Die Sahne steif schlagen und unterheben. Die Masse in 8 kalt ausgespülte Förmchen oder Tassen füllen. Alles zugedeckt kalt stellen.

3 **Zum Servieren:** Die Mousse mit einem Messer vom Rand lösen, auf Dessertteller stürzen und mit dem Kompott anrichten.

Pro Portion: 290 kcal/1220 kJ
41 g Kohlenhydrate, 7 g Eiweiß, 10 g Fett

Tipp: Keine Mirabellen bekommen?
Frische Pflaumen oder Mirabellen aus dem Glas kann man für das Kompott genauso gut verwenden.
Früchte aus dem Glas dann aber nur 1–2 Minuten kochen.

Nordisch gut – Menü mit Lachs

Dass die Dänen laut Umfragen die glücklichsten Menschen der Welt sind, liegt sicher auch an ihrem Talent, Gäste zu verwöhnen. Bei Festen kommt das Beste auf den Tisch, was die skandinavische Küche zu bieten hat.

Das Menü
Für 6 Personen

Aperitif
Preiselbeersekt

Vorspeise
Smørrebrød-Platte

Hauptgericht
Lachs in Pergamentpapier mit Röstkartoffeln und Rote-Bete-Salat

Dessert
Brombeertarte

Der Zeitplan zum Menü

Am Vortag
Tarteboden vorbacken.
Rote-Bete-Salat vorbereiten.
Kartoffeln kochen.
Garnelenbelag für die Brote vorbereiten.

2–3 Stunden bevor die Gäste kommen
Tarte zubereiten.
Lachs und Dillsauce vorbereiten.
Salat abschmecken.
Tatar- und Rühreibelag für die Brote vorbereiten.

60–30 Minuten vor dem Servieren
Lachs im Ofen schmoren.
Kartoffeln rösten.

Zum Servieren
Smørrebrød auf einer Platte anrichten und mit dem Aperitif servieren.
Dillsauce und Salat fertigstellen.
Fisch auf eine Platte legen und mit Salat, Kartoffeln und Sauce servieren.
Später die Tarte reichen.

Preiselbeersekt
Prickelnder Empfang

Aperitif

Für 6 Gläser

200 ml Preiselbeersaft,
  ersatzweise Cranberrysaft
6 Zweige Thymian
1 Flasche Sekt

Den Preiselbeersaft auf Sektgläser verteilen. Den Thymian waschen, trocken schütteln und je 1 Zweig in jedes Glas legen. Mit dem Sekt auffüllen. Kühl servieren.

Schön und praktisch
Auf den Butterbrottüten steht, von Hand geschrieben, die Menüfolge. Und die Servietten werden einfach reingesteckt.

Wegweiser
Holztäfelchen in Herzform mit Schleifen verzieren und mit Namen beschriften – so weiß jeder gleich, wo er hingehört.

Bunte Smørrebrød-Platte
Gut aufgelegt

Vorspeise

Vorbereitung: 40 Minuten
Zubereitung: 25 Minuten

Für 6 Portionen

100 g Mayonnaise
50 g stichfeste saure Sahne
etwas abgeriebene Schale einer unbehandelten Zitrone
250 g küchenfertige Garnelen, gegart, ohne Schale
1 Bund Dill
3 Eier
Salz, Pfeffer aus der Mühle
200 g Pfifferlinge, ersatzweise Champignons
½ Bund Petersilie
1 EL Kapern (aus dem Glas)
2 Frühlingszwiebeln
1–2 EL Butter
3 Scheiben Roggenbrot
3 Scheiben Schwarzbrot
2–3 Salatblätter, nach Belieben
200 g Beefsteak-Hack (Tatar)

1 Am Vortag: Die Mayonnaise mit der sauren Sahne und der Zitronenschale verrühren. Die Garnelen zugeben. Den Dill waschen und trocken schütteln. Von der Hälfte des Dills die Spitzen abzupfen, fein hacken und unterrühren. Zugedeckt kalt stellen.

2 2 Stunden vor dem Servieren: Die Eier verquirlen, salzen und pfeffern. Die Pfifferlinge putzen, eventuell kleiner schneiden. Die Petersilie waschen, trocken schütteln, die Blättchen abzupfen und fein hacken. Die Kapern ebenfalls fein hacken. Die Frühlingszwiebeln putzen, waschen, den weißen Teil in Würfel, den grünen in feine Ringe teilen. Die weißen Zwiebelwürfel mit den Kapern und der gehackten Petersilie mischen. Alles zugedeckt kalt stellen.

3 Zum Servieren: Die Brotscheiben nach Belieben rösten, jeweils in 6 Stücke schneiden, nach Belieben mit Butter bestreichen und auf eine Platte legen. 1 EL Butter in einer Pfanne erhitzen, die Pfifferlinge darin anbraten, salzen und pfeffern. Die Eier zugeben und unter Rühren stocken lassen. Vom Herd nehmen. Die Brote nach Belieben mit Salatblättern, Garnelen und restlichem Dill, mit Rührei und mit Tatar, Kapernmischung und Frühlingszwiebelringen belegen. Sofort servieren.

Pro Portion: 370 kcal/1560 kJ
19 g Kohlenhydrate, 24 g Eiweiß, 22 g Fett

Lachs in Pergamentpapier
In der Hülle gegart

Vorbereitung: 30 Minuten
Zubereitung: 10 Minuten
Backzeit: ca. 45 Minuten

Für 6 Portionen

2 Lachsfilets mit Haut (Mittelstücke à 600 g; beim Fischhändler vorbestellen)
1 EL Pfefferkörner
1 EL Koriandersamen
1 EL Senfsamen
1 Bund Petersilie
Zucker, Salz
2 EL Butter und Butter zum Einpinseln
1 EL Mehl
300 ml Gemüsebrühe (instant)
ca. 200 ml Schlagsahne
Pfeffer aus der Mühle
2 TL abgeriebene Schale einer unbehandelten Zitrone
1 Bund Dill

1 2 Stunden bevor die Gäste kommen: Den Lachs abspülen, trocken tupfen. Pfefferkörner, Koriander- und Senfsamen in einem Mörser zerstoßen. Die Petersilie waschen, trocken schütteln, die Blättchen abzupfen und fein hacken und mit je 1 TL Zucker und Salz und den Gewürzen verrühren. Die Masse auf die Fleischseite (nicht die Hautseite!) der Fischfilets streichen, diese aufeinanderlegen und zugedeckt kalt stellen.

2 Die Butter in einem Topf zerlassen. Das Mehl zugeben und unter Rühren 1 Minute anschwitzen. Die Brühe einrühren und gut verrühren. Einmal aufkochen. Die Sahne einrühren, mit Salz, Pfeffer, 1 Prise Zucker und der Zitronenschale abschmecken. Beiseitestellen.

3 1 Stunde vor dem Servieren: Den Backofen auf 180 Grad (Umluft 160 Grad) vorheizen. Ein großes Stück Pergamentpapier (mehr als doppelt so lang wie der Fisch) mit Butter bepinseln. Den Fisch darauflegen, mit Pergament abdecken und die Seiten fest zusammenfalzen. Das Fischpaket auf ein Backblech legen und im vorgeheizten Ofen etwa 45 Minuten garen.

4 Kurz vor dem Servieren: Den Dill waschen, trocken schütteln und die Spitzen fein hacken. Die Sauce erwärmen, eventuell noch etwas Schlagsahne oder Milch einrühren. Die Sauce nochmals abschmecken und den gehackten Dill einrühren.

5 Zum Servieren: Den Fisch auf eine Platte legen, das Pergamentpapier vorsichtig öffnen. Die obere Hautschicht entfernen. Mit der Sauce, dem Rote-Bete-Salat und den Röstkartoffeln servieren.

Pro Portion: 420 kcal/1770 kJ
7 g Kohlenhydrate, 39 g Eiweiß, 26 g Fett

Hauptgericht

Röstkartoffeln
Geschmackvolle Begleitung Abbildung Seite 170

Hauptgericht

Vorbereitung: 50 Minuten
Zubereitung: 20 Minuten
Bratzeit: ca. 20 Minuten

Für 6 Portionen

Ca. 1 ½ kg kleine fest-
   kochende Kartoffeln
1 EL Kümmelsamen
je 1 EL Butter und Öl
   zum Braten
Salz

1 Am Vortag: Die Kartoffeln gründlich waschen und in der Schale mit ½ EL Kümmelsamen in einen großen Topf mit Wasser geben. In 20–30 Minuten gar kochen, abgießen, abkühlen lassen, schälen und eventuell halbieren. Zugedeckt kalt stellen.

2 30 Minuten vor dem Servieren: Die Butter und das Öl in einer großen weiten Pfanne erhitzen. Die Kartoffeln leicht salzen und in dem erhitzten Fett rundum bei mittlerer Hitze 20 Minuten anrösten.

3 Zum Servieren: Den restlichen Kümmel über die Kartoffeln streuen und diese mit dem Lachs und dem Rote-Bete-Salat servieren.

Pro Portion: 205 kcal/870 kJ
37 g Kohlenhydrate, 5 g Eiweiß, 3 g Fett

Dekotipp

Schnell verziert
Schlichte Servietten haben mehr Pfiff, wenn man sie mit Stoffbändern umwickelt.

Liebe zur Natur
Rote Beeren und Blüten sind typisch für den nordischen Stil. Silberne Accessoires wie Vasen oder Leuchter verleihen eine festliche Note.

Rote-Bete-Salat

Leicht und erfrischend Abbildung Seite 170

Vorbereitung: 30 Minuten
Zubereitung: 15 Minuten
Backzeit: ca. 120 Minuten

Für 6 Portionen

- 1 kg Rote Bete
- 2 Orangen
- 2 Sternanise
- 1 EL Zucker
- Salz, Pfeffer aus der Mühle
- Essig (z. B. Himbeeressig)
- 4–5 EL Nussöl (z. B. Haselnussöl)
- 2 Schalotten
- 1 Bund glatte Petersilie
- ½ Bund Basilikum

1 Am Vortag: Den Backofen auf 200 Grad (Umluft 180 Grad) vorheizen. Die Rote-Bete-Knollen mit Schale einzeln oder zusammen in Alufolie wickeln und im Backofen auf dem Backblech etwa 2 Stunden backen, bis sie weich sind. Aus der Folie nehmen, etwas abkühlen lassen, dann schälen (Achtung: dabei Küchenhandschuhe anziehen). Halbieren und in Würfel oder Achtel schneiden.

2 Die Orangen auspressen und den Saft (ca. 250 ml) mit den Sternanisen und dem Zucker 10–15 Minuten einköcheln lassen. Mit Salz, Pfeffer und etwas Essig abschmecken. Das Öl unterschlagen. Das Dressing mit der Roten Bete mischen. Zugedeckt kalt stellen.

3 2 Stunden vor dem Servieren: Den Rote-Bete-Salat noch einmal abschmecken. Bei Zimmertemperatur ruhen lassen.

4 Zum Servieren: Die Schalotten schälen und sehr fein würfeln. Die Kräuter waschen und trocken schütteln, die Blättchen abzupfen und eventuell grob hacken. Die Schalotten und die Kräuter mit dem Salat mischen, den entstandenen Saft bei Bedarf etwas abgießen. Den Salat zum Lachs und den Röstkartoffeln reichen.

Pro Portion: 180 kcal/760 kJ
23 g Kohlenhydrate, 4 g Eiweiß, 8 g Fett

Hauptgericht

Brombeertarte
Süßes Finish

Vorbereitung: 30 Minuten
Zubereitung: 30 Minuten
Backzeit: ca. 60 Minuten
Kühlzeit: 150 Minuten

Für 1 Tarteform
   (30 cm Durchmesser)
Ergibt 12 Stücke

Für den Teig:
150 g Butter
180 g Mehl
1 EL Speisestärke
200 g brauner Zucker
1 TL Salz

Für den Belag:
250 g Brombeeren
   (frisch oder tiefgekühlt)
1 Vanilleschote
250 ml Milch
200 ml Schlagsahne
3 Eier
3 Eigelb
Puderzucker zum Bestäuben
Minzeblättchen, nach
   Belieben

1 Am Vortag: Die Butter in Flöckchen mit dem Mehl, der Stärke, 100 g Zucker und dem Salz rasch zu einem glatten Teig verkneten. Den Teig in eine mit Backpapier ausgelegte Tarteform drücken, dabei einen Rand hochziehen. Die Form mindestens 30 Minuten kalt stellen. Den Backofen auf 180 Grad (Umluft 160 Grad) vorheizen. Den Teigboden mehrmals mit einer Gabel einstechen und im vorgeheizten Ofen etwa 20 Minuten backen, dann herausnehmen.

2 3 Stunden bevor die Gäste kommen: Den Backofen auf 140 Grad (Umluft 120 Grad) vorheizen. Die Brombeeren waschen, trocknen und verlesen. Die Hälfte der Beeren für die Deko beiseitelegen. Die Vanilleschote längs aufschneiden und das Mark herausschaben. Die Milch mit der Schlagsahne und Vanilleschote und -mark bei mittlerer Hitze aufkochen. Den Topf beiseitestellen. Die Eier mit den Eigelben und dem restlichen Zucker (100 g) schaumig aufschlagen. Die Vanilleschote aus der Milch herausnehmen, die heiße Milch nach und nach unter die Eigelbmasse rühren, dabei ständig weiterschlagen. Die Creme durch ein Sieb in die Tarteform gießen, mit Brombeeren belegen und im vorgeheizten Ofen auf der unteren Schiene etwa 40 Minuten backen. Herausnehmen und kalt stellen.

3 Zum Servieren: Die restlichen Brombeeren über die Tarte streuen und die Tarte mit Puderzucker bestäuben und nach Belieben mit Minzeblättchen garniert servieren.

Pro Stück: 320 kcal/1350 kJ
20 g Kohlenhydrate, 6 g Eiweiß, 20 g Fett

Hüttenabend für zu Hause

Entspannt feiern in uriger Atmosphäre. Keine Sorge, Sie müssen Ihre gute Stube nicht mit Fichtenbrettern auskleiden. Karomuster und ein paar rustikale Accessoires wie die Holzhirsche und Fichtenkissen reichen völlig aus. Ebenfalls hübsch: Tannenzweige als Tisch- und Lampenschmuck, Kerzen und nostalgische Fotos.

Auf der Speisekarte
Für 6 Personen

Aperitif
Almdudler-Cocktail

Vorspeise
Winter-Kräutersalat
mit Raclette-Crostini

Hauptgericht
Kalbs-Rahmgulasch mit Brezenknödeln und Spinatnockerl

Dessert
Hagebuttenmousse

Der Zeitplan zum Menü

Am Vortag
Salatdressing, Brezenknödel, Gulasch und Hagebuttenmousse zubereiten.

Am Morgen der Einladung
Salat und Spinatnockerl vorbereiten.

30 Minuten vor dem Servieren
Brezenknödel und Gulasch erhitzen.

Wenn die Gäste da sind
Salat mit Raclette-Crostini zubereiten und servieren.
Danach Nockerl erhitzen, eventuell Gulaschsauce nochmals abschmecken. Gulasch mit Sauce, Nockerln und Knödeln servieren.
Anschließend das Dessert reichen.

Almdudler-Cocktail
Prickelnder Auftakt

Aperitif

Für 6 Gläser

Eiswürfel
Minzeblättchen
6–12 EL Marillenlikör
   (Aprikosenlikör)
Kräuterlimonade
   (z. B. Almdudler)

In 6 Gläser ein paar Eiswürfel und Minzeblättchen geben. Jeweils 1–2 EL Marillenlikör hinzufügen, mit Kräuterlimonade auffüllen und sofort servieren.

Dekotipp

Schöne Aussichten
Wer seine Einladung im stilechten Filztäschchen erhält, weiß, worauf er sich freuen darf.

Alpendeko
Dafür eignet sich alles, was an Berge und Wald erinnert, zum Beispiel gefilztes Band, geschnitztes Edelweiß oder kleine Fliegenpilze.

Winter-Kräutersalat mit Raclette-Crostini
Würzig-frisch mit herzhafter Beilage

Vorbereitung: 20 Minuten
Zubereitung: 20 Minuten
Backzeit: ca. 5 Minuten

Für 6 Portionen

5 EL Weißweinessig
Salz, Pfeffer aus der Mühle
Honig oder Zucker
4–5 EL Öl
1 Kopf Blattsalat
   (z. B. Römersalat)
1 Bund glatte Petersilie
5 Zweige Thymian
je 2–3 Zweige Minze
   und Zitronenmelisse

Raclette-Crostini:
6 Scheiben Baguettebrot
6 Scheiben Raclettekäse
   (150 g)

1 Am Vortag: Den Essig mit 2–3 EL Wasser verrühren, mit Salz, Pfeffer und Honig oder Zucker abschmecken. Das Öl unterschlagen. Gut verschlossen kalt stellen.

2 Am Morgen der Einladung: Den Salat waschen, putzen, trocken schleudern und in einen Gefrierbeutel verpackt im Gemüsefach des Kühlschranks aufbewahren.

3 Zum Servieren: Den Backofen auf Grillstufe vorheizen. Alle Kräuter waschen und trocken schütteln, die Blätter abzupfen, nach Belieben grob hacken oder in Streifen schneiden. Mit dem Salat mischen. Das Baguettebrot toasten. Mit je 1 Scheibe Käse belegen und auf einem mit Backpapier belegten Backblech kurz übergrillen. Den Salat mit dem Dressing mischen und auf Tellern anrichten. Die Raclette-Crostini dazulegen und servieren.

Pro Portion: 210 kcal/890 kJ
10 g Kohlenhydrate, 9 g Eiweiß, 14 g Fett

Vorspeise

Kalbs-Rahmgulasch
Butterzart und vorzubereiten

Vorbereitung: 30 Minuten
Zubereitung: 20 Minuten
Schmorzeit: 90 Minuten

Für 6 Portionen

1½ kg Kalbfleisch (z. B. aus der Schulter, ersatzweise Rindergulasch)
800 g Gemüsezwiebeln
3 Knoblauchzehen
1 Bund Suppengemüse (Karotte, Sellerie, Lauch)
2 EL Butterschmalz
Salz, Pfeffer aus der Mühle
1 kleine Dose geschälte Tomaten (400 g)
200 ml Weißwein (z. B. Grauburgunder)
2 Zweige Rosmarin
200 ml Schlagsahne
etwas abgeriebene Schale einer unbehandelten Zitrone

1 **Am Vortag:** Das Fleisch abbrausen, trocken tupfen und in 2–3 cm große Würfel teilen. Die Zwiebeln und den Knoblauch schälen, den Knoblauch fein hacken, die Zwiebeln klein würfeln. Das Suppengemüse waschen bzw. schälen, putzen und sehr klein würfeln. Den Backofen auf 180 Grad (Umluft 160 Grad) vorheizen.

2 Das Gemüse, die Zwiebeln und den Knoblauch in einem großen ofenfesten Topf im heißen Schmalz 3–5 Minuten unter Rühren andünsten. Die Fleischwürfel daraufgeben. Salzen und pfeffern. Die Tomaten waschen, eventuell vom Strunk befreien und klein würfeln. Samt Saft und dem Wein zum Fleisch geben. Den Rosmarin waschen und zugeben. Im geschlossenen Topf 1 bis 1½ Stunden im Backofen schmoren. Nach 60 Minuten Kochzeit die Sahne angießen.

3 Das Gulasch mit Salz, Pfeffer und etwas Zitronenschale abschmecken. Den Rosmarin entfernen. Abkühlen lassen und abgedeckt kalt stellen.

4 **30 Minuten vor dem Servieren:** Das Gulasch erwärmen, eventuell nochmals abschmecken. Zu den Knödeln servieren.

Pro Portion: 480 kcal/2020 kJ
13 g Kohlenhydrate, 54 g Eiweiß, 21 g Fett

Brezenknödel
Typisch alpenländisch Abbildung Seite 183

Vorbereitung: 40 Minuten
Zubereitung: 30 Minuten

Für 6 Portionen

- 5–6 Laugenbrezen oder 4–5 Laugenstangen vom Vortag (ca. 500 g)
- 1 Brötchen vom Vortag
- 200 ml Milch
- 1 Zwiebel
- 100 g Frühstücksspeck (Bacon)
- 1 Bund glatte Petersilie
- 3 Eier
- Salz, Pfeffer aus der Mühle, geriebene Muskatnuss
- 3–4 EL Butter

1 Am Vortag: Die Laugenbrezen oder -stangen und das Brötchen in dünne Scheiben schneiden und in eine große Schüssel geben. Die Milch erwärmen und darübergießen. Die Zwiebel schälen und fein würfeln. Den Speck ebenfalls fein würfeln und in einer Pfanne knusprig braten. Die Zwiebelwürfel dazugeben, kurz glasig dünsten. Die Petersilie waschen, trocken schütteln, die Blätter abzupfen und fein hacken. Die Zwiebel-Speck-Mischung, die Eier und die gehackte Petersilie zu dem Brezenmix geben. Alles gut verkneten und mit Salz, Pfeffer und Muskat kräftig würzen.

2 Aus dem Teig mit angefeuchteten Händen circa 12 Knödel formen. In einem weiten Topf reichlich Salzwasser aufkochen und die Knödel darin in etwa 15 Minuten gar ziehen lassen. Herausnehmen und gut abtropfen lassen. Die Knödel zugedeckt kalt stellen.

3 30 Minuten vor dem Servieren: Salzwasser erhitzen und die Knödel darin 15 Minuten erwärmen. Abtropfen lassen und in der heißen Butter schwenken.

Pro Portion: 360 kcal/1520 kJ
46 g Kohlenhydrate, 14 g Eiweiß, 12 g Fett

Dekotipp

Nostalgische Platzhalter
Schwarz-Weiß-Bilder mit ländlichen Motiven auf festes Papier kopieren. Mit der Zackenschere ausschneiden. Namen der Gäste daraufschreiben. Mit Schieferherzen und Bändern dekoriert auf die Plätze legen.

Spinatnockerl
Luftig-locker und gut vorzubereiten Abbildung Seite 183

Vorbereitung: 30 Minuten
Zubereitung: 30 Minuten

Für 6 Portionen

250 g tiefgekühlter Spinat
1 Zwiebel
3 EL Butter
500 g in der Schale gekochte Kartoffeln vom Vortag
3 Eier
250 g Mehl
Salz, geriebene Muskatnuss
Milch, nach Belieben

1 Den Spinat auftauen lassen, die Hälfte fein hacken, den Rest pürieren. Die Zwiebel schälen, sehr fein würfeln und in 1 TL heißer Butter glasig dünsten. Die Kartoffeln schälen, durch die Presse drücken oder zerstampfen. Alles mit den Eiern und dem Mehl zu einer Masse verkneten. Mit Salz und Muskatnuss würzen. Eventuell etwas Milch zugeben.

2 In einem großen Topf reichlich Salzwasser aufkochen. Mithilfe von zwei Esslöffeln vom Teig etwa 20 Nocken abstechen und diese in leicht kochendem Salzwasser (nicht sprudelnd kochend) circa 10 Minuten gar ziehen lassen. Herausnehmen, gut abtropfen und abkühlen lassen und zugedeckt kalt stellen.

3 Zum Servieren: Die restliche Butter in einer Pfanne erhitzen und die Nockerl darin mit aufgelegtem Deckel langsam erwärmen. Ab und zu wenden.

Pro Portion: 300 kcal/1260 kJ
42 g Kohlenhydrate, 10 g Eiweiß, 9 g Fett

Hagebuttenmousse
Fein-herb, lässt sich gut vorbereiten

Vorbereitung: 30 Minuten
Zubereitung: 20 Minuten
Kühlzeit: 240 Minuten

Für 6 Portionen

6 Blatt Gelatine
400 ml Milch
2 Vanilleschoten
4 sehr frische Eier (Größe M)
50 g Puderzucker
150 g Hagebuttenkonfitüre
½ unbehandelte Orange, abgeriebene Schale und Saft
500 ml Schlagsahne
Schokospäne, Himbeeren zum Garnieren

1 **Am Vortag:** Die Gelatine einweichen. Die Milch aufkochen. Die Vanilleschoten längs aufschneiden und das Mark herausschaben. Die Schoten und das Mark in die Milch geben und aufkochen. Die Eier trennen, die Eigelbe mit dem Puderzucker, 100 g Hagebuttenkonfitüre und der Orangenschale in einer großen Schüssel über dem warmen Wasserbad dickschaumig aufschlagen. Die Vanilleschoten aus der Milch nehmen, die heiße Milch langsam und unter ständigem Rühren mit den Schneebesen in die Eigelbmasse schlagen. Durch ein feines Sieb gießen.

2 Die Gelatine in die heiße Creme rühren und darin auflösen. Abkühlen lassen. Wenn die Masse anfängt zu gelieren, die Sahne steif schlagen und nach und nach unterheben. Die Masse in kleine Gläser oder eine große Schüssel füllen. Abgedeckt kalt stellen.

3 **Zum Servieren:** Die restliche Konfitüre mit dem Orangensaft erwärmen und glatt rühren. Die Mousse mit Schokospänen, Himbeeren und Konfitüre garniert servieren.

Pro Portion: 465 kcal/1960 kJ
32 g Kohlenhydrate, 14 g Eiweiß, 32 g Fett

Partyspaß Halloween

Hexen, Gespenster und Vampire, die Halloween feiern wollen, werden bei diesem schaurig-schönen Buffet viel Spaß beim Probieren haben. Pizzaknochen, Würmersalat, Schlammpunsch und schrecklich nette Dekoideen verlocken zu wunderbar gruseligem Genuss.

Marshmallow-Schokogeister

Das Buffet
Für 8 Personen

Aperitifs
Schaumiger Schlammpunsch
Blutroter Frucht-Cocktail

Vorspeisen
Grüne Suppe mit Olivenkäfern
Bunter Würmersalat
Kleine Monstertaschen
Knusprige Pizzaknochen

Süßes
Gespenstercreme
Spinnennetzkekse
Mini-Spukhäuser
Hexen-Götterspeise
Marshmallow-Schokogeister

Knusprige Pizzaknochen

Der Zeitplan zum Buffet

Am Vortag
Würmersalat, Geistercreme und Spinnenküchlein vor- bzw. zubereiten. Alles kalt stellen.
Eventuell schon mit dem Dekorieren des Raumes beginnen.
Schokolollis fertigstellen.

2–3 Stunden bevor die Party losgeht
Raum zu Ende dekorieren, Geschirr und Getränke bereitstellen.
Sich selber verkleiden und schminken.

Etwa 30 Minuten bevor es losgeht
Suppe erwärmen und abschmecken, Käfer aus Oliven fertigstellen.
Salat fertigstellen.
Pizzaknochen backen.
Geistercreme fertig dekorieren.
Alles aufs Buffet stellen.

Spinnennetz-kekse

Kleine Monstertaschen

Schaumiger Schlammpunsch
Zitronenpunsch

Für 8 Gläser

100 ml Limettensaft
grüne Lebensmittelfarbe
400 ml grüner Apfelsaft
   (z. B. von Pfanner)
400 ml Ginger Ale
8 Kugeln Zitronensorbet
   (Fertigprodukt)
1 Flasche Zitronenlimonade

Den Limettensaft mit grüner Lebensmittelfarbe, grünem Apfelsaft und Ginger Ale mischen. In Gläser verteilen. Jeweils 1 Kugel Zitronensorbet dazugeben, mit der Zitronenlimonade aufgießen und servieren.

Blutroter Frucht-Cocktail
Früchtetee-Saft-Mix

Für 8 Gläser

4 Beutel Früchtetee
500 ml Kirschnektar
300 g grüne kernlose Trauben
500 ml Zitronenlimonade

Den Früchtetee mit 500 ml kochendem Wasser übergießen und 1 Stunde ziehen lassen, dann kalt stellen. Die Teebeutel entfernen, den Tee mit dem Kirschnektar in ein Bowlengefäß füllen. Die Trauben waschen und zugeben. Mit der Zitronenlimonade auffüllen.

> ### Halloween
> Aus dem alten Brauch, die bösen Geister am Abend vor Allerheiligen zu vertreiben, ist in den USA ein bei allen Altersklassen beliebter Gruselfasching geworden, der auch bei uns in Form von Halloweenpartys immer mehr in Mode gekommen ist.

Grüne Suppe mit Olivenkäfern
Vegetarische Erbsensuppe

Vorbereitung: 20 Minuten
Zubereitung: 30 Minuten

Für 8 Portionen

- 1 Zwiebel
- 2 Knoblauchzehen
- 1 mehligkochende Kartoffel (200 g)
- 2 EL Butter
- 300 g Tiefkühl-Erbsen
- 1 l Gemüsebrühe (Instant)
- Salz, Pfeffer aus der Mühle, geriebene Muskatnuss
- 2 Zweige Minze
- 200 ml Schlagsahne
- ½ Bund glatte Petersilie, Rosmarinnadeln und schwarze Oliven zum Garnieren

1 Am Vortag: Die Zwiebel und den Knoblauch schälen, beides würfeln. Die Kartoffel schälen, waschen und würfeln. Die Zwiebel und den Knoblauch in einem großen Topf in der heißen Butter glasig dünsten. Die Kartoffelwürfel und die Erbsen dazugeben, mit der Brühe auffüllen und 15 Minuten köcheln lassen. Die Suppe pürieren, mit Salz, Pfeffer und Muskat würzen. Auskühlen lassen und zugedeckt kalt stellen.

2 30 Minuten vor dem Servieren: Die Suppe erwärmen. Die Minzezweige waschen, trocknen, die Blättchen abzupfen und mit der Sahne zur Suppe geben. Die Suppe nochmals gut pürieren, dann abschmecken und warm halten. Die Petersilie waschen, trocken schütteln, grob hacken und in die Suppe rühren. Die Rosmarinnadeln so an die Oliven stecken, dass diese wie Käfer aussehen.

3 Zum Servieren: Die grüne Suppe auf Teller verteilen und mit den »Käfern« garnieren.

Pro Portion: 160 kcal/680 kJ
10 g Kohlenhydrate, 4 g Eiweiß, 11 g Fett

Vorspeise

Dekotipp

Schaurige Masken
Pappvorlagen für Fledermäuse und Kürbisgesichter – einfach auf die gewünschte Größe kopieren, ausschneiden und als Pausvorlage benutzen.

Bunter Würmersalat
Nudelsalat mit Schinken

Vorbereitung: 15 Minuten
Zubereitung: 20 Minuten

Für 8 Portionen

500 g Nudeln (z. B. Hörnchen oder Gabelspaghetti)
Salz
400 g Tiefkühl-Erbsen
400 g grüne Tiefkühl-Bohnen
8 EL Olivenöl
6 EL weißer Aceto balsamico
Pfeffer aus der Mühle, Zucker
2 Zitronen, Saft
2 Avocados
300 g Kirschtomaten
150 g gekochter Schinken

1 Am Vortag: Die Nudeln nach Packungsangabe in Salzwasser garen. 5–6 Minuten vor dem Garzeitende die Erbsen und die Bohnen dazugeben und fertig kochen. Alles abgießen, mit 2 EL Öl beträufeln, auskühlen lassen. Zugedeckt kalt stellen.

2 Den Essig mit Salz, Pfeffer, 1 TL Zucker und 3–4 EL Zitronensaft abschmecken. Das restliche Öl (6 EL) unterschlagen. Das Dressing in ein Glas mit Schraubverschluss füllen und kalt stellen.

3 30 Minuten vor dem Servieren: Die Nudeln, Erbsen und Bohnen mit dem Dressing mischen. Die Avocados halbieren, die Kerne entfernen. Das Fruchtfleisch herauslösen, würfeln und mit dem restlichen Zitronensaft beträufeln. Die Tomaten waschen und halbieren. Den Schinken in dünne Streifen schneiden. Alles vermischen und abschmecken. Den Salat aufs Buffet stellen.

Pro Portion: 490 kcal/2060 kJ
56 g Kohlenhydrate, 16 g Eiweiß, 21 g Fett

Geschirr- und Dekoideen
Altes Geschirr, große Kerzenleuchter, schwarze Bleche und alte Metallkästen ergeben einen tollen Dekor. Dazu lila und orangefarbige Schüsseln als Blickfang. Schwarze Tischdecken und alte Gardinen. Aus Watte Spinnweben ziehen und aufhängen.

Kleine Monstertaschen
Hackbällchen-Sandwiches

Vorbereitung: 30 Minuten
Zubereitung: 15 Minuten

Für 8 Portionen

Für die Hackbällchen:
2 Scheiben Toastbrot
1 Zwiebel
400 g gemischtes Hackfleisch
1 Ei
Salz, Pfeffer aus der Mühle
1 TL Senf
Fett zum Braten

Für die Sandwiches:
1 Knoblauchzehe
2 rote Paprikaschoten
3 EL Öl
100 g passierte Tomaten
50 g Tomatenketchup
Paprikapulver, nach Belieben Chilipulver
8 mit Paprika gefüllte grüne Oliven (aus dem Glas)
8 kleine Baguette-Brötchen oder andere Brötchen
3 EL Mayonnaise
8–10 Friséesalatblätter (für die »Haare«)

1 Am Vortag: Das Toastbrot in warmem Wasser einweichen, dann ausdrücken. Die Zwiebel schälen und sehr fein würfeln. Beides mit dem Hack und dem Ei verkneten. Mit Salz, Pfeffer und Senf kräftig würzen. Aus der Fleischmasse 16 kleine Kugeln formen, im heißen Fett rundum 8–10 Minuten braten. Zugedeckt kalt stellen.

2 Den Knoblauch schälen und fein würfeln. Die Paprikaschoten halbieren, entkernen, waschen, eventuell mit einem Sparschäler die Haut abschälen und die Schoten in dünne, kurze Streifen schneiden. In einer großen Pfanne in 2 EL heißem Öl Paprika und Knoblauch 3–4 Minuten anbraten. Die passierten Tomaten und den Ketchup dazugeben, einmal aufkochen. Mit Salz, Pfeffer, Paprikapulver und eventuell Chilipulver abschmecken. Auskühlen lassen, zugedeckt kalt stellen.

3 Zum Servieren: Die Hackbällchen in der Pfanne im restlichen Öl (1 EL) rundum erwärmen. Die Tomaten-Paprika-Sauce erwärmen, nochmals abschmecken. Die Oliven halbieren oder in Scheiben schneiden. Die Brötchen bei Bedarf nach Packungsangabe aufbacken, dann auf-, aber nicht durchschneiden. Mit der Mayonnaise bestreichen. Die Tomaten-Paprika-Sauce auf den Brötchen verteilen, jeweils 2 Hackbällchen hineinlegen und mit den Oliven als »Augen« garnieren (jedes Bällchen ist ein »Auge«; es soll so aussehen, als ob ein Monster aus dem Brötchen guckt). Die Salatblätter waschen und trocken schütten. Die Brötchen mit den Salatblättern als »Haare« belegen. Die Monstertaschen leicht zugeklappt auf Tellern servieren. Servietten dazu reichen.

Pro Portion: 380 kcal/1600 kJ
33 g Kohlenhydrate, 15 g Eiweiß, 20 g Fett

Vorspeise

Knusprige Pizzaknochen
Schnelles Pizzagebäck mit Salami

Vorspeise

Vorbereitung: 20 Minuten
Backzeit: ca. 15 Minuten

Für 8 Stück

2 Rollen gekühlter Pizza- oder Hefeteig (à 400 g; aus dem Kühlregal)
200 g passierte Tomaten (aus der Dose)
Salz, Pfeffer aus der Mühle, Paprikapulver
1 Prise Zucker
1 TL Pizzagewürz
100 g hauchdünne Salamischeiben
4 EL geriebener Pizzakäse
2 EL Milch
1 Eigelb
Ketchup, nach Belieben

1 Am Morgen der Einladung: Den Teig aufrollen, in 8 Streifen (25–30 cm lang, 4–5 cm breit) schneiden. Die Tomaten mit Salz, Pfeffer, Paprikapulver, Zucker und Pizzagewürz kräftig würzen und auf die Streifen streichen. Die Salami in Streifen schneiden und mit dem Käse auf den Tomaten verteilen. Den Teig jeweils längs einrollen, jedes Ende »verknoten« oder so überschlagen, dass es wie ein dickes Knochenende aussieht. Die Pizzaknochen auf ein mit Backpapier belegtes Blech legen. Zugedeckt kalt stellen.

2 20 Minuten vor dem Servieren: Den Backofen auf 200 Grad (Umluft 180 Grad) vorheizen. Die Milch mit dem Eigelb verrühren und die Knochen damit bestreichen. Im vorgeheizten Ofen etwa 15 Minuten backen. Auf einem Tablett aufs Buffet stellen. Nach Belieben Ketchup im Schälchen dazu reichen.

Pro Stück: 320 kcal/1350 kJ
45 g Kohlenhydrate, 13 g Eiweiß, 10 g Fett

Gespenstercreme
Einfache Mascarpone-Orangen-Creme

Vorbereitung: 20 Minuten
Zubereitung: 25 Minuten

Für 8 Portionen
Ergibt ca. 16 Becher (à 60 ml)

1 unbehandelte Orange
½ Zitrone, Saft
1 Vanilleschote
4 Blatt weiße Gelatine
6 Eigelb
130 g Puderzucker
250 g Mascarpone, ersatzweise Doppelrahmfrischkäse
300 ml Schlagsahne
16 Waffeleisbecher, ersatzweise kleine Gläser
kleine Orangengelee-Scheiben (im Backregal)

1 Am Vortag: Die Orange heiß abwaschen, trocken reiben. 1 TL Schale fein abreiben, die Frucht auspressen. Den Saft mit dem Zitronensaft mischen. Die Vanilleschote längs aufschneiden, das Mark herausschaben. Die Gelatine einweichen. Die Eigelbe mit Puderzucker, Vanillemark, Orangenschale und Zitrussäften in einer Schüssel über dem warmen Wasserbad mit dem Handrührgerät dickschaumig schlagen. Die Gelatine ausdrücken, mit einem Löffel oder dem Mixschaber in die warme Eigelbmasse rühren, bis sie gelöst ist. Die Eigelbmasse in den Mascarpone rühren. Etwas abkühlen lassen.

2 Die Schlagsahne halbsteif schlagen. Mit einem Teigschaber oder dem Mixschaber unter die Eigelb-Mascarpone-Masse heben. Die Creme in einen Spritzbeutel mit großer Lochtülle füllen und in Waffeleisbecher oder Gläser spritzen. Dabei Beutel am Ende hochziehen, sodass eine spitze Geisterform entsteht. Die Becher kalt stellen.

3 Zum Servieren: Die »Gespenster« mit halbierten Orangengelee-Scheiben garnieren und auf das Buffet stellen.

Pro Becher: 190 kcal/800 kJ
11 g Kohlenhydrate, 3 g Eiweiß, 14 g Fett

Spinnennetzkekse
Amerikaner

Vorbereitung: 30 Minuten
Backzeit: ca. 15 Minuten

Für ca. 16 Stück

Für den Teig:
150 g weiche Butter
100 g Zucker
1 Päckchen Vanillezucker
4 Eier (Größe M)
Salz
1 TL abgeriebene Schale einer unbehandelten Zitrone
250 g Mehl
2 TL Backpulver
ca. 50 ml Milch

Für den Guss:
200 g Puderzucker
Zitronensaft oder Milch zum Glattrühren
1 EL Kakaopulver

1 Am Vortag: Den Backofen auf 200 Grad (Umluft 180 Grad) vorheizen. Die Butter schaumig rühren, mit Zucker, Vanillezucker, Eiern, 1 Prise Salz und Zitronenschale verrühren. Das Mehl und das Backpulver unterrühren. Dann so viel Milch einrühren, bis der Teig schwer reißend vom Löffel fällt. Vom Teig mit einem Esslöffel kleine Häufchen abstechen und mit großem Abstand auf ein mit Backpapier belegtes Blech setzen. Die Küchlein im Ofen in circa 15 Minuten goldbraun backen.

2 Die Küchlein auskühlen lassen. Den Puderzucker mit Zitronensaft oder Milch verrühren. Die Hälfte vom Guss mit Kakaopulver dunkel färben. Die flache Seite von 8 Küchlein mit dunklem, die anderen 8 Küchlein mit weißem Guss bestreichen. Mit einem Spritzbeutel mit andersfarbigem Guss Kreise aufspritzen. Mit einem Holzstäbchen vorsichtig Linien durchziehen, sodass ein Spinnennetzmuster entsteht. Trocknen lassen.
Die Amerikaner zwischen Pergamentpapier in einer gut verschließbaren Dose aufbewahren.

3 Zum Servieren: Die Küchlein auf einer Platte oder Etagere anrichten und auf das Buffet stellen.

Pro Stück: 170 kcal/720 kJ
20 g Kohlenhydrate, 2 g Eiweiß, 9 g Fett

Mini-Spukhäuser
Mit Butterkeksen und Marshmallows

Für 8 Stück

200 g Zartbitterkuvertüre mit 1 TL Kokosfett in einer Schüssel schmelzen. Jeweils 1 bis 2 Marshmallows (insgesamt etwa 16 Stück) mit etwas Kuvertüre auf einen mit Schokolade überzogenen Butterkeks kleben. An die Seiten jeweils mit Kuvertüre zwei weitere Butterkekse kleben. Die Häuser mit farbigen Bonbons (z. B. Jellybeans), Zuckerstreuseln oder Ähnlichem verzieren. Trocknen lassen.

Hexen-Götterspeise
Mit Fruchtgummischlangen

Für 8 Portionen

2 Päckchen grüne Götterspeise nach Packungsangabe mit Zucker und Flüssigkeit zubereiten, in eine mit Klarsichtfolie ausgelegte flache Auflaufform gießen. Über Nacht fest werden lassen. Die Götterspeise in Würfel schneiden, zusammen mit Fruchtgummischlangen in ein großes Glas füllen.

Marshmallow-Schokogeister
Mit süßen Gruselgesichtern

Marshmallows auf Holzspieße stecken und in flüssige Kuvertüre tauchen. Leicht antrocknen lassen, in einen Kürbis stecken und mit weißem Tuch, klein geschnittenen bunten Fruchtschnüren, Zuckerschrift und -perlen verzieren.

Stimmungsvoller Adventsbrunch

In der Vorweihnachtszeit muss es nicht immer Kaffee und Plätzchen geben. Verwöhnen Sie Ihre Gäste zur Abwechslung mal mit einem winterlichen Brunchbuffet. Das lässt sich prima vorbereiten und steigert bei allen die Vorfreude auf gemütliche Weihnachtstage.

Zeitplan für den Adventsbrunch

Am Vortag
Suppe, Beerenmix für die Sauce, Salatdressing zubereiten.
Müsli, Creme, Bliniteig, Salatzutaten vorbereiten.
Blinis backen.

1–2 Stunden vor dem Servieren
Buffet vorbereiten: Braten in den Ofen schieben. Salat, Müsli, Creme und Suppe zubereiten. Toast vorbereiten, Toppings für die Blinis bereitstellen.

Zum Servieren
Cocktail zubereiten und mit den Blinis servieren.
Spieße für die Suppe zubereiten.
Salat, Putenbraten, Müsli und Spekulatius-Creme auf das Buffet stellen.
Zwischendurch Sterntoast frisch zubereiten und sofort servieren.

Das gibt es
Für 8 Personen

Aperitif
Winterlicher Campari-Cocktail

Vorspeisen
Räucherfisch-Blinis
Endiviensalat
Sterntoast mit Ei
Kartoffel-Erbsen-Suppe

Hauptgericht
Glasierter Putenbraten

Dessert, Süßes
Spekulatius-Creme
Wintermüsli

Winterlicher Campari-Cocktail
Fein-herber Auftakt

Aperitif

Für 8 Gläser

1 l Orangensaft
2 Beutel Glühweingewürz
2 Stangen Zimt
1 unbehandelte Zitrone, ein Stück Zeste und Saft
Eiswürfel
200 ml Campari
Scheiben von Karambole (Sternfrucht) zum Garnieren, nach Belieben

1 Am Vortag: Den Orangensaft mit dem Glühweingewürz, den Zimtstangen, der Zitronenzeste und dem Zitronensaft erhitzen. Abkühlen lassen und kalt stellen.

2 Zum Servieren: Jeweils einige Eiswürfel und den Campari auf 8 Gläser verteilen. Den Orangenmix durch ein Sieb in die Gläser gießen und nach Belieben mit Karambolescheiben garnieren.

Weniger ist mehr
Dekorieren Sie den Buffettisch eher sparsam, sonst wird es mit den Gerichten darauf zu eng. Adventliche Accessoires wie Kerzen oder die aus Papier gefalteten dreidimensionalen Fröbelsterne sorgen für festliche Stimmung.

Dekotipp

Zweige
Kleine Akzente für viel Gemütlichkeit. Weiß gestrichene Zweige mit Sternen aus Papier wirken winterlich edel.

Platzkärtchen
Minischlitten, die mit kleinen Geschenken beladen sind, dienen als Namensschilder.

Räucherfisch-Blinis

Gut vorzubereiten Abbildung Seite 209

Vorspeise

Vorbereitung: 20 Minuten (ohne Ruhezeit)
Zubereitung: 30 Minuten

Für 8 Portionen

- ½ Würfel Hefe
- 300 ml lauwarme Milch
- 2 Eier
- 100 ml Schlagsahne
- Salz
- 2 TL Zucker
- 50 g flüssige Butter
- 250 g Buchweizenmehl, ersatzweise Weizenmehl
- Öl zum Braten
- ca. 300 g Räucherfisch (z. B. Lachs und Forelle)
- 250 g Crème fraîche
- 4 TL geriebener Meerrettich (aus dem Glas)
- Pfeffer aus der Mühle
- 200 g stichfeste saure Sahne
- 100 g Krabbenfleisch (z. B. Nordseekrabben)
- Dill und Spalten einer unbehandelten Zitrone zum Garnieren

1 Am Vortag: Die Hefe in der lauwarmen Milch auflösen und 20 Minuten gehen lassen. Die Eier trennen. Die Eiweiße und die Schlagsahne getrennt steif schlagen. Die Eigelbe mit ¼ TL Salz, dem Zucker und der flüssigen Butter aufschlagen. Das Mehl und die Hefemilch einrühren. Den Eischnee und die Schlagsahne unterheben. Den Teig 60 Minuten ruhen lassen.

2 In einer Pfanne Öl erhitzen, je 1–2 EL Teig hineingeben. Nacheinander etwa 20 Blinis (5 cm Durchmesser) backen. Die Blinis zwischen Papier stapeln und gut verschließen, kalt stellen. Andernfalls den Teig kalt stellen und die Blinis am Morgen der Einladung frisch backen.

3 1 Stunde vor dem Servieren: Den Lachs in Streifen schneiden, die Forelle in Stücke teilen. Die Crème fraîche mit dem Meerrettich, Salz und Pfeffer verrühren und abschmecken. Alles, auch saure Sahne und Krabbenfleisch, in Schälchen füllen, mit Zitronenspalten und Dill garnieren. Zugedeckt kalt stellen.

4 Zum Servieren: Den Backofen auf 200 Grad (Umluft 180 Grad) vorheizen und die Blinis darin auf Backpapier etwa 3 Minuten aufbacken. Alles in Schälchen und auf Platten anrichten, sodass sich jeder Gast die Blinis selbst belegen kann.

Pro Portion: 460 kcal/1940 kJ
30 g Kohlenhydrate, 18 g Eiweiß, 30 g Fett

Endiviensalat

Wenig Aufwand Abbildung Seite 215

Vorspeise

Vorbereitung: 20 Minuten
Zubereitung: 10 Minuten

Für 8 Portionen

6 EL Apfelessig
Salz, Pfeffer aus der Mühle, Zucker
5 EL Nussöl (z. B. Haselnussöl)
300 g blaue und grüne Trauben
4 Stangen Staudensellerie
150 g gesalzene, geröstete, gemischte Nusskerne
1–2 kleine Zwiebeln
1 Kopf Endiviensalat

1 Am Vortag: Den Essig mit Salz, Pfeffer, Zucker und Öl verrühren, abschmecken. Die Trauben waschen, halbieren und entkernen. Den Sellerie waschen, putzen und in dünne Scheiben schneiden. Die Nüsse grob hacken. Alles zugedeckt kalt stellen.

2 2 Stunden vor dem Servieren: Die Zwiebeln schälen, fein würfeln und mit dem Dressing verrühren. Den Salat waschen, putzen, trocken schleudern und zerzupfen. Zugedeckt kalt stellen.

3 Zum Servieren: Salat, Trauben und Sellerie mit dem Dressing mischen. Endiviensalat mit Nüssen bestreut anrichten und servieren.

Pro Portion: 200 kcal/840 kJ
9 g Kohlenhydrate, 6 g Eiweiß, 15 g Fett

Sterntoast mit Ei

Preiswert, schnell Abbildung Seite 206

Vorbereitung: 10 Minuten
Zubereitung: 20 Minuten

Für 8 Portionen

100 g Frühstücksspeck (Bacon) in Scheiben
4 geschälte, gegarte Maronen (aus der Dose oder vakuumverpackt)
1 TL Butter
8 Scheiben Toastbrot
8 Eier
Salz, Pfeffer aus der Mühle
Petersilie zum Garnieren

1 2 Stunden vor dem Servieren: Den Frühstücksspeck in Streifen schneiden. Die Maronen würfeln. Beides in der heißen Butter knusprig braten.

2 Zum Servieren: Die Brotscheiben toasten, mit einer Ausstechform große Sterne ausstechen. Die Eier im heißen Bratfett in einer Stern-Spiegelei-form (aus dem Haushaltswaren- oder Internethandel) braten. Salzen und pfeffern. Die Toasts auf 8 Teller verteilen. Je 1 Spiegelei darauflegen. Jeweils mit der Speck-Maronen-Mischung bestreuen. Mit Petersilie garniert servieren.

Pro Portion: 190 kcal/800 kJ
17 g Kohlenhydrate, 12 g Eiweiß, 8 g Fett

Kartoffel-Erbsen-Suppe
Mögen Kinder, preiswert

Vorbereitung: 60 Minuten
Zubereitung: ca. 30 Minuten

Für 8 Portionen

1 Zwiebel
2 Knoblauchzehen
100 g Knollensellerie
300 g mehligkochende Kartoffeln
2 EL Butter
150 g Bauchspeck am Stück (evtl. mit Schwarte)
1,2 l Brühe (instant; z. B. Fleischbrühe)
400 g grüne Tiefkühl-Erbsen
Salz, Pfeffer aus der Mühle, geriebene Muskatnuss
200 ml Schlagsahne
1 Glas Mini-Wiener-Würstchen (Abtropfgewicht 190 g)
Petersilie zum Garnieren, nach Belieben

1 Am Vortag: Die Zwiebel, den Knoblauch und den Sellerie schälen und würfeln. Die Kartoffeln schälen, waschen und ebenfalls würfeln. Die Zwiebel und den Knoblauch in der heißen Butter in einem großen Topf glasig dünsten. Den Sellerie dazugeben, kurz mitdünsten. Die Kartoffeln und den Speck am Stück hinzufügen, mit der Brühe auffüllen und 20–30 Minuten köcheln lassen. Den Speck herausnehmen. Die Erbsen dazugeben und weitere 5 Minuten köcheln lassen. Die Suppe etwas abkühlen lassen, pürieren und mit Salz, Pfeffer und Muskat abschmecken. Abkühlen lassen und zugedeckt kalt stellen.

2 1 Stunde vor dem Servieren: Die Suppe erwärmen und die Sahne einrühren. Die Suppe abschmecken. Den Speck in Scheiben oder Streifen schneiden. Die Würstchen abtropfen lassen.

3 Zum Servieren: Die Würstchen in einem Topf mit heißem Wasser kurz erwärmen, nach Belieben mit dem Speck auf Holzspießchen stecken und zur Suppe reichen. Nach Belieben mit Petersilie garnieren.

Dazu passt: Baguette.

Pro Portion: 340 kcal/1430 kJ
15 g Kohlenhydrate, 19 g Eiweiß, 22 g Fett

Vorspeise

Glasierter Putenbraten
Einfach, schmeckt warm oder kalt

Vorbereitung: 30 Minuten
Zubereitung: 30 Minuten
Bratzeit: ca. 90 Minuten

Für 8 Portionen

Für die Glasur:
1 Zwiebel
1 EL Butter
300 g tiefgekühlte rote Johannisbeeren
1–2 EL Aceto balsamico
2–3 EL Honig oder Zucker
Salz, Pfeffer aus der Mühle
3–4 Zweige Thymian

Für den Braten:
1½ kg Putenbrustbraten
Salz, Pfeffer aus der Mühle
1 TL Wacholderbeeren
1 EL weiche Butter
3–4 EL Honig
1 TL Paprikapulver
300 ml Brühe (instant)

1 Am Vortag: Die Zwiebel schälen und sehr fein würfeln. In der heißen Butter 5 Minuten glasig dünsten. Die Beeren dazugeben, aufkochen und 5 Minuten köcheln lassen. Mit Essig, Honig oder Zucker, Salz und Pfeffer würzen. Den Thymian waschen, trocknen und zugeben. Abkühlen lassen und zugedeckt kalt stellen.

2 1½ Stunden vor dem Servieren: Den Backofen auf 180 Grad (Umluft 160 Grad) vorheizen. Den Putenbraten abbrausen, trocken tupfen, salzen und pfeffern. Die Wacholderbeeren zerstoßen und mit der Butter, dem Honig und dem Paprikapulver verrühren. Auf den Braten streichen. Das Fleisch in einen Bräter legen, die Brühe angießen und den Braten im vorgeheizten Ofen etwa 60 Minuten braten. Das Fleisch im ausgeschalteten Backofen circa 30 Minuten ruhen lassen.

3 15 Minuten vor dem Servieren: Den Braten herausnehmen und in Folie gewickelt weitere 15 Minuten ruhen lassen. Den Bratenfond eventuell in den Beerenmix rühren. Die Sauce abschmecken.

4 Zum Servieren: Den Braten aufschneiden und warm oder kalt mit der Sauce servieren.

Dazu passt: Baguette.

Pro Portion: 270 kcal/1140 kJ
9 g Kohlenhydrate, 46 g Eiweiß, 5 g Fett

Spekulatius-Creme
Beliebt bei Kindern

Vorbereitung: 30 Minuten
Zubereitung: 20 Minuten

Für 8 Portionen

5 Orangen, davon
　1 unbehandelt
100 g aufgetaute
　Tiefkühl-Himbeeren
600 g Sahnequark
200 g Vanillejoghurt
7 EL Zucker
1 TL Spekulatiusgewürz
40 g Zartbitterschokoraspel
70 g Spekulatiuskekse
50 g Butter

1 Am Vortag; Die unbehandelte Orange abwaschen, trocknen und die Frucht auspressen. Beides mit Himbeeren, Quark, Joghurt, 5 EL Zucker, Spekulatiusgewürz und Schokoraspeln verrühren, abschmecken. Die restlichen Orangen so dick schälen, dass die weiße Haut mit entfernt wird. Die Filets zwischen den Trennhäuten herausschneiden. Alles zugedeckt kalt stellen.

2 2 Stunden vor dem Servieren: Die Kekse zerbröseln. Die Butter und den restlichen Zucker (2 EL) erhitzen, die Keksbrösel darin 5 Minuten rösten. Die Creme und die Orangenfilets in eine Schüssel schichten und die Keksbrösel darauf verteilen.

Pro Portion: 345 kcal/1450 kJ
38 g Kohlenhydrate, 10 g Eiweiß, 16 g Fett

Dessert

Wintermüsli
Einfach, preiswert

Vorbereitung: 15 Minuten
Zubereitung: 10 Minuten

Für 8 Portionen

60 g getrocknete Aprikosen
100 g grobe Haferflocken
50 g feine Haferflocken
400 ml Milch
2 Äpfel
2 kräftige Prisen Zimt
400 g Sahnejoghurt
3 EL grob gehackte gemischte Nusskerne
4 EL Honig

1 Am Vortag: Die Aprikosen fein würfeln. Mit den Haferflocken und der Milch aufkochen und abkühlen lassen. In einer Schüssel über Nacht zugedeckt kalt stellen.

2 2 Stunden vor dem Servieren: Die Äpfel schälen, vom Kerngehäuse befreien, grob reiben und mit den Haferflocken, dem Zimt und dem Joghurt verrühren. In kleine Weckgläschen mit Deckel oder in eine große Schüssel füllen. Die Nüsse nach Belieben in einer Pfanne ohne Fett rösten.

3 Zum Servieren: Die Nüsse und den Honig auf dem Müsli verteilen. Falls Weckgläschen verwendet werden, die Deckel verschließen. Das Müsli auf das Buffet stellen.

Pro Portion: 260 kcal/1100 kJ
29 g Kohlenhydrate, 8 g Eiweiß, 12 g Fett

Teelichter
in dunklen Gläsern, kleine Kugelschnüre und Bastelsterne auf Filzdeckchen schaffen Behaglichkeit.

Gastgeschenk
Süßes (z. B. Marzipankartoffeln), in winzige Holzkistchen verpackt, dient als hübsches Abschiedspräsent.

Frohe Weihnachten – Feine Menüs für die Festtage

Die Geschenke sind ausgepackt, da wartet schon die nächste Überraschung: Festklassiker, die wir mit wenigen Extras zu raffinierten Gaumenschmeichlern veredelt haben. Welche der Vorschläge sind Ihre Favoriten? Wählen Sie, und stellen Sie Ihr Menü nach Lust und Laune zusammen.

Hier 3 Menüs zu Auswahl
Für 6 Personen

Vegetarisches Menü
Fonduesuppe
Kürbisklöße mit Pilzrahmsauce
Sacher-Lebkuchenparfait
mit Orangen-Aprikosen-Kompott

Klassisches Menü
Geflügelmousse
Gänsebraten mit Bratapfelsauce
Rotkohl-Crêpes
Kartoffelpüree mit brauner Butter
Bohnen-Karotten-Bündel
Weiße Schokocreme mit Sauer-
kirschenkompott

Menü mit Fisch
Avocado-Kartoffel-Carpaccio
Kabeljau in Knusperhülle
mit mediterranem Gemüse
Pfirsich mit Biskuithaube

Zeitplan Vegetarisches Menü

2 Tage vorher
Sacher-Lebkuchenparfait zubereiten.

Am Vortag
Fonduesuppe und Orangenkompott für das Dessert vorbereiten.

Am Morgen des Festtags
Schokosauce für das Dessert zubereiten. Brotsterne für die Suppe ausbacken. Kürbisklöße und Sauce vorbereiten.

Zum Servieren
Suppe fertigstellen und servieren. Pilzrahmsauce zubereiten, Knödel gar kochen und zusammen servieren. Anschließend das Dessert reichen.

Fonduesuppe
Herzhaft, gut vorzubereiten

Vorbereitung: 40 Minuten
Zubereitung: 20 Minuten

Für 6 Portionen

200 g Kartoffeln
1 Zwiebel
1 Knoblauchzehe
4–5 EL Butter
1,2 l Rinderfond (aus dem Glas) oder Brühe (instant)
200 ml Schlagsahne
je 100 g Gruyère, Emmentaler und Vacherin
Salz, Pfeffer aus der Mühle
Zitronensaft
2 Brioches oder Hefebrötchen (80 g)
geriebene Muskatnuss
2 TL Speisestärke
50 ml Kirschwasser
Schnittlauchröllchen zum Garnieren

1 **Am Vortag:** Die Kartoffeln schälen, waschen und klein würfeln. Die Zwiebel und den Knoblauch schälen, die Zwiebel fein würfeln, den Knoblauch durchpressen. Alles in 2 EL Butter andünsten. Den Fond oder die Brühe und die Sahne angießen, aufkochen und 15 Minuten köcheln lassen. Leicht abkühlen lassen, dann pürieren. Den Käse reiben, einrühren und schmelzen lassen. Die Suppe mit Salz, Pfeffer und Zitronensaft würzig abschmecken. Abkühlen lassen und zugedeckt kalt stellen.

2 **Am Morgen des Festtags:** Die Brioches oder Brötchen würfeln bzw. in Scheiben schneiden. Aus den Scheiben Sterne ausstechen. In der restlichen heißen Butter (2–3 EL) rundum braten. Mit Muskat würzen. Auf Küchenpapier abtropfen lassen.

3 **Zum Servieren:** Die Speisestärke mit 2 EL kaltem Wasser anrühren, in die Suppe rühren und diese langsam und unter ständigem Rühren einmal aufkochen lassen. Mit dem Kirschwasser abschmecken. Die Suppe in Tassen verteilen, mit den Stern-Croûtons und Schnittlauchröllchen garniert servieren.

Vorspeise

Vegetarisches Menü

Kürbisklöße mit Pilzrahmsauce
Herrlich würzig

Vorbereitung: 40 Minuten
Zubereitung: 70 Minuten

Für 6 Portionen

800 g mehligkochende Kartoffeln
500 g Hokkaidokürbis
Salz
200 g Ricotta
2 Eier und 4 Eigelb (Größe M)
100 g Hartweizengrieß
Pfeffer aus der Mühle, geriebene Muskatnuss
1 Bund Frühlingszwiebeln
2 Knoblauchzehen
600 g gemischte Pilze (z. B. TK-Steinpilze, Pfifferlinge, Champignons)
40 g Butter
3 EL Mehl
200 ml Gemüsefond (aus dem Glas)
400 ml Schlagsahne
1 unbehandelte Zitrone, abgeriebene Schale
4 EL Trüffelöl oder Trüffelbutter und Petersilie zum Garnieren

1 Am Morgen des Festtags: Die Kartoffeln und den Kürbis waschen, die Kartoffeln schälen, den Kürbis entkernen. Beides würfeln und in wenig Salzwasser in etwa 15 Minuten garen. Den Backofen auf 150 Grad (Umluft 130 Grad) vorheizen. Kartoffeln und Kürbis abgießen, abtropfen lassen und auf ein mit Backpapier belegtes Blech legen. Im Ofen circa 30 Minuten gut ausdampfen lassen, dann zerdrücken. Die Masse mit dem Ricotta, den Eiern und Eigelben und dem Grieß verkneten. Mit Salz, Pfeffer und Muskat würzen. Aus der Masse 1 Probekloß in Salzwasser 12 Minuten kochen. Wenn er hält, aus dem restlichen Teig circa 12 Knödel formen. Ansonsten noch etwas Grieß unterkneten. Die Knödel zugedeckt kalt stellen.

2 Die Frühlingszwiebeln waschen, putzen, den weißen Teil würfeln, den grünen in Ringe schneiden. Den Knoblauch schälen und sehr fein hacken. Die Pilze auftauen lassen bzw. putzen und je nach Größe in Scheiben schneiden. Alles zugedeckt beiseitestellen.

3 Zum Servieren: Die Frühlingszwiebeln und den Knoblauch in der heißen Butter dünsten. Die Pilze dazugeben, anbraten, würzen. Mit dem Mehl bestäuben und anschwitzen. Den Fond und die Sahne angießen, alles aufkochen. Die Sauce mit Salz, Pfeffer und Zitronenschale würzen. Die Kartoffel-Kürbis-Knödel in kochendem Salzwasser in circa 12 Minuten garen, dann herausnehmen, abtropfen lassen und mit der Pilzsauce anrichten. Mit Trüffelöl oder -butter und Petersilie garnieren und servieren.

Sacher-Lebkuchen-Parfait mit Orangen-Aprikosen-Kompott

Gut vorzubereiten

Zubereitung: 40 Minuten
Kühlzeit: mindestens 12 Stunden

Für 6 Portionen
Ergibt 12 Stück

Für das Parfait:
200 g Zartbitterschokolade (70 % Kakaoanteil)
1 Vanilleschote
½ TL Lebkuchengewürz
100 ml Milch
4 Eigelb
80 g Zucker
300 ml Schlagsahne

Für das Kompott:
5 Orangen
1 kleine Dose Aprikosen, ungezuckert (Abtropfgewicht 425 g)
300 g Zucker
½ Zitrone, Saft
1 TL Speisestärke

150 g Zartbitterschokolade (50 % Kakaoanteil)
Kakaopulver und nach Belieben essbares Blattgold (Feinkostgeschäft oder Internethandel) zum Garnieren

1 2 Tage vorher: Die Schokolade hacken. Die Vanilleschote längs aufschneiden, das Mark herausschaben (die Schote für das Kompott beiseitelegen). Das Vanillemark, die Schokolade und das Lebkuchengewürz in der Milch bei kleiner Hitze schmelzen. Die Eigelbe mit dem Zucker in einer Schüssel über dem heißen Wasserbad aufschlagen. Den Schokomix unter die Eigelbmasse rühren. Die Schüssel in Eiswasser stellen und die Masse kalt rühren. Die Schlagsahne steif schlagen und unter die Schokomasse heben. Die Masse in Muffinförmchen oder in die Mulden eines Muffinblechs füllen. Zugedeckt bis zum Fest tiefkühlen.

2 Am Vortag: Die Orangen so dick schälen, dass die weiße Schale mit entfernt wird. Die Filets zwischen den Häuten herausschneiden, den austretenden Saft dabei auffangen. Die Aprikosen abtropfen lassen, den Saft ebenfalls auffangen. 100 g Zucker im Topf goldgelb schmelzen. Den Orangen-, Aprikosen- und Zitronensaft zugeben. So lange köcheln, bis der Zucker gelöst ist. Die Vanilleschote hinzufügen, alles 5 Minuten kochen. Die Stärke mit 2 EL Wasser verrühren und einrühren, den Sirup aufkochen. Die Aprikosen in Spalten schneiden und mit den Orangenfilets zum Sirup geben. Abkühlen lassen und zugedeckt kalt stellen.

3 Am Morgen des Festtags: Den restlichen Zucker (200 g) mit 130 ml Wasser 6 Minuten kochen. Die Schokolade hacken und im Zuckersirup schmelzen.

4 Zum Servieren: Die Parfaits aus den Förmchen lösen. Mit der Schokoglasur, mit Kakaopulver und nach Belieben mit Blattgold garnieren und mit dem Kompott servieren.

Geflügelmousse
Edel – gut vorzubereiten

Vorbereitung: 40 Minuten
Zubereitung: 30 Minuten
Kühlzeit: über Nacht

Für 6 Portionen

400 g Geflügelleber
4 Zweige Thymian
3 EL Cognac
80 ml roter Portwein
7 Blatt Gelatine
1 unbehandelte Orange, Saft und abgeriebene Schale
50 ml Rotwein
2 Beutel Glühweingewürz
2 TL Zucker
250 ml Geflügelfond (aus dem Glas)
1 Lorbeerblatt
1 TL Pfefferkörner
250 ml Schlagsahne
2 EL Butter
Salz, Pfeffer aus der Mühle
Friséesalat zum Garnieren

1 2 Tage vorher: Die Leber waschen, trocken tupfen, Fett und Sehnen entfernen. Die Thymianzweige waschen und trocken schütteln. Die Leber mit 2 Thymianzweigen, dem Cognac und 3 EL Portwein zugedeckt über Nacht kalt stellen.

2 4 Blatt Gelatine einweichen. Den Orangensaft mit dem Rotwein, dem restlichen Portwein, dem Glühweingewürz und dem Zucker 10 Minuten erwärmen. Durch ein Sieb gießen und die ausgedrückte Gelatine darin auflösen. Den Weinmix in eine mit Frischhaltefolie ausgelegte, flache Form füllen. Abkühlen lassen, dann zugedeckt kalt stellen.

3 1 Tag vorher: Den Fond mit dem Lorbeerblatt, den Pfefferkörnern und den restlichen beiden Thymianzweigen um die Hälfte einkochen. 100 ml Sahne dazugeben, weitere 10 Minuten einköcheln lassen. Durch ein Sieb gießen.

4 Die Leber aus der Marinade nehmen, trocken tupfen, in 1 EL Butter braten, mit Salz und Pfeffer würzen, abkühlen lassen. Die restliche Gelatine (3 Blatt) einweichen. Die restliche Butter (1 EL) würfeln und mit dem Pürierstab unter den Fond mixen. Die ausgedrückte Gelatine im heißen Fond auflösen. Die Leber hinzufügen, alles pürieren und durch ein feines Sieb streichen. Die Masse mit Salz, Pfeffer und der Orangenschale würzen. Wenn die Masse zu gelieren beginnt, die restliche Sahne (150 ml) steif schlagen und vorsichtig unterheben. Die Masse in Cocktailgläser oder eine Terrinenform füllen und zugedeckt kalt stellen.

5 Zum Servieren: Aus dem Cognac-Wein-Gelee z. B. Sterne ausstechen. Die Mousse mit Geleesternen und Salatblättern garnieren.

Dazu passen: Salat und Baguette.

Zeitplan Klassisches Menü

2 Tage vorher
Geflügelmousse vorbereiten.

1 Tag vorher
Geflügelmousse und Weiße Schokocreme zubereiten. Rotkohl-Crêpes vorbereiten. Bohnen-Karotten-Bündel vorbereiten.

Am Morgen des Festtags
Kartoffeln kochen.
Gänsebraten und Sauce vorbereiten.
5 Stunden vor dem Servieren Gänsebraten im Ofen braten.

Zum Servieren
Mousse fertigstellen und garnieren. Gänsebraten und Rotkohl-Crêpes fertigstellen und servieren. Bohnen-Karotten-Bündel und Kartoffelpüree fertigstellen und servieren.
Das Dessert anrichten und servieren.

Gänsebraten mit Bratapfelsauce
Traditionell und klassisch

Vorbereitung: 50 Minuten
Zubereitung: 40 Minuten
Bratzeit: ca. 5 Stunden

Für 6 Portionen

Für den Braten:
- 1 küchenfertige Gans (beim Metzger vorbestellen; Hals und Flügel für die Sauce abgetrennt und grob gehackt)
- Salz, Pfeffer aus der Mühle
- 1 Zitrone und 2 Orangen, unbehandelt
- 1 Bund Majoran
- 3–4 Zweige Salbei

Für die Sauce:
- 1 Bund Suppengemüse
- 1 Zwiebel
- 1 EL Butterschmalz
- 1 EL Tomatenmark
- 200 ml roter Portwein
- 1½ l Geflügelbrühe (instant oder Fond)
- 1 Stück Ingwer (ca. 5 cm)
- 7 säuerliche, rotschalige Äpfel (z. B. Cox Orange)
- Zitronensaft
- 150 g Nusskerne (z. B. Haselnüsse)
- 4 EL Semmelbrösel
- 5 EL Butter
- 3 EL Portwein-Feigen-Senf (oder 3 EL Orangenmarmelade und 1 TL scharfer Senf)
- Salz, Pfeffer aus der Mühle
- 7 Scheiben Frühstücksspeck
- 2–3 TL Speisestärke

1 Am Morgen des Festtags: Die Innereien der Gans entfernen. Die Gans waschen, salzen und pfeffern. Die Zitrone und die Orangen waschen, trocknen und mit Schale grob würfeln. Den Majoran und den Salbei waschen, trocken schütteln, die Blättchen abzupfen und mit den Zitrusfrüchten vermischen. In die Gans füllen und diese mit Holzspießchen verschließen.

2 Das Suppengemüse putzen, waschen bzw. schälen und würfeln. Die Zwiebel schälen und würfeln. Gemüse, Zwiebeln, Gänsehals und -flügel in einem großen Topf im heißen Schmalz anrösten. Das Tomatenmark unterrühren und mit anbraten. Mit dem Portwein ablöschen, einköcheln lassen. Die Brühe oder den Fond angießen. Den Ingwer schälen und im Ganzen dazugeben. Bei kleiner Hitze etwa 30 Minuten köcheln lassen, bis die Sauce zur Hälfte eingekocht ist.

3 Die Äpfel waschen und von jedem Apfel einen Deckel abschneiden, die Kerngehäuse großzügig entfernen. Die Äpfel mit Zitronensaft beträufeln. Die Nüsse fein hacken und mit den Semmelbröseln in 2 EL Butter rösten. Mit dem Feigensenf mischen, mit Salz und Pfeffer würzen. Die Masse in die Äpfel füllen, je 1 TL Butter daraufgeben, die Deckel aufsetzen. Mit je 1 Speckscheibe umwickeln und diese mit Küchengarn festbinden.

4 5 Stunden vor dem Servieren: Den Backofen auf 150 Grad (Umluft nicht geeignet) heizen. Die Gans mit der Brust nach oben auf den Rost legen, die Fettpfanne darunter einschieben. Die Gans im Ofen etwa 5 Stunden braten. Die Äpfel auf Alufolie um die Gans setzen und in den letzten 45 Minuten mitbraten. In den letzten 30 Minuten den Ofen auf 200 Grad heizen.

5 Zum Servieren: Von einem der Äpfel Schnur und Speck entfernen, den Apfel würfeln und in die Sauce geben. Die Sauce aufkochen und durch ein Sieb in einen Topf geben. Die Speisestärke anrühren und in die Sauce rühren. Die Sauce erneut aufkochen und abschmecken. Die Gans zerteilen und mit der Sauce und den Bratäpfeln servieren.

Rotkohl-Crêpes
Spezielle Beilage Abbildung Seite 229

2 Eier
250 ml Milch
50 g flüssige Butter
1 Prise Salz
100 g Mehl
Fett zum Braten
1 Kopf Rotkohl (ca. 1 kg)
1 Zwiebel
3 Äpfel
2 EL Butter
150 g Johannisbeergelee

1 Am Vortag: Die Eier mit der Milch, der flüssigen Butter, dem Salz und dem Mehl zu einem Teig verrühren. 30 Minuten ruhen lassen. Aus dem Teig in heißem Fett nacheinander 6 Crêpes von circa 20 cm Durchmesser backen.

2 Den Rotkohl putzen und in Streifen hobeln. Die Zwiebel schälen und fein würfeln. Die Äpfel waschen, die Kerngehäuse entfernen und die Äpfel in Blättchen schneiden. Die Zwiebel und die Äpfel in 2 EL Butter dünsten. Den Kohl und etwa 200 ml Wasser dazugeben, würzen. Im geschlossenen Topf 40 Minuten köcheln lassen. Das Johannisbeergelee einrühren und erneut abschmecken. Alles kalt stellen.

3 Zum Servieren: Die Crêpes erwärmen. Den Kohl erhitzen, in die Crêpes einrollen und die Crêpes aufschneiden.

Oder als Alternative die folgenden Beilagen:

Kartoffelpüree mit brauner Butter
Stets beliebt im Bild oben

Vorbereitung: 40 Minuten
Zubereitung: 20 Minuten

Für 6 Personen

1½ kg mehligkochende Kartoffeln
5 Knoblauchzehen
etwas Geflügelbrühe (aus Instant-Pulver)
100 g Butter
100 ml Schlagsahne
200 ml Milch
Salz, Pfeffer, geriebene Muskatnuss

1 Am Morgen des Festtags: Die Kartoffeln schälen und würfeln. Den Knoblauch schälen. Beides in der Brühe 20 Minuten gar kochen. In der Brühe beiseitestellen.

2 Zum Servieren: Die Kartoffeln in der Brühe nochmals aufkochen, abgießen, dabei die Brühe auffangen. Die Butter in einem Topf schmelzen und bräunen. Sahne und Milch erhitzen. Die Kartoffelmischung zerstampfen, dabei die Sahnemischung und falls nötig etwas Brühe einrühren. Mit Salz, Pfeffer und Muskat würzen. Das Püree in eine Schüssel füllen und mit der braunen Butter beträufeln.

Bohnen-Karotten-Bündel

Ein farbiger Akzent im Bild unten

Vorbereitung: 50 Minuten
Zubereitung: 15 Minuten

Für 6 Personen

- 800 g Prinzessbohnen (tiefgekühlt)
- Salz
- 800 g Karotten
- 1 TL Zucker
- 140 g Frühstücksspeck (Bacon), in Scheiben
- evtl. Holzspießchen
- 4 EL Butter
- 4 Zweige Thymian

1 Am Vortag: Die Bohnen nach Packungsangabe in Salzwasser garen. Abschrecken und abtropfen lassen.

2 Die Karotten schälen und in Stifte (so lang wie die Bohnen) schneiden. Wasser mit Zucker und 1 Prise Salz aufkochen, die Karottenstifte darin etwa 5 Minuten garen. Abschrecken und abtropfen lassen.

3 Die Speckscheiben halbieren. Jeweils einige Bohnen und Karottenstifte zu einem Bündel zusammenlegen, mit Speck fest umwickeln. Falls nötig mit einem Spießchen fixieren. Zugedeckt kalt stellen.

4 Zum Servieren: Die Butter mit den Thymianzweigen in einer Pfanne langsam schmelzen. Die Bohnen-Karotten-Bündel zugeben und bei kleiner Hitze langsam knusprig braten.

Hauptgericht

Klassisches Menü

Weiße Schokocreme mit Sauerkirschenkompott
Raffiniert

Zubereitung: 60 Minuten
Kühlzeit: mindestens
 4 Stunden

Für 6–8 Portionen

Für die Schokocreme:
4 Blatt Gelatine
200 g weiße Kuvertüre
1 Ei und 2 Eigelb (Größe M)
3 EL würziger Honig
 (z. B. Akazienhonig)
300 ml Schlagsahne

Für das Kompott:
400 g Sauerkirschen
 (tiefgekühlt oder aus
 dem Glas)
1 unbehandelte Orange
50 g Zucker
100 ml Rotwein oder
 Traubensaft
1 Zimtstange
4 Gewürznelken
4 Kardamomkapseln
Orangenschale, Minze-
 blättchen und Schoko-
 blättchen (Fertigprodukt)
 zum Garnieren

1 **Am Vortag:** Die Gelatine einweichen. Die Kuvertüre hacken und in einer Schüssel über dem warmen Wasserbad schmelzen. Die Gelatine in einem Topf erwärmen, bis sie sich gelöst hat. Das Ei und die Eigelbe mit 2 EL heißem Wasser und dem Honig in einer Schüssel über dem warmen Wasserbad schaumig schlagen. Die Gelatine einrühren. Die Kuvertüre mit einem Schneebesen vorsichtig unterheben, auskühlen lassen. Die Schlagsahne steif schlagen und unterheben. Die Mousse in eine Schüssel (oder in Dessertgläser) füllen und zugedeckt kalt stellen.

2 Für das Kompott die Kirschen auftauen oder abtropfen lassen. Die Orange heiß waschen, trocknen, ein Stück Schale mit dem Sparschäler abziehen, die Orange auspressen. Den Zucker in einem Topf schmelzen und mit dem Orangensaft und dem Rotwein oder Traubensaft ablöschen. Die Gewürze dazugeben. 5 Minuten köcheln lassen, bis der Zucker gelöst ist. Die Orangenschale und die Kirschen hinzufügen, einmal aufkochen, eventuell Gewürze entfernen. Das Kompott zugedeckt kalt stellen.

3 **Zum Servieren:** Von der Mousse mit einem heißen Löffel (vorher in heißes Wasser tauchen) Nocken abstechen und diese mit dem Kirschkompott auf Tellern anrichten. Mit Minzeblättchen, Orangenschale und Schokoblättchen garniert servieren.

Zeitplan Menü mit Fisch

1 Tag vorher
Avocado-Kartoffel-Carpaccio und Pfirsich mit Biskuithaube vorbereiten.

Am Morgen des Festtags
Kabeljau und Beilagen vorbereiten.
2 Stunden vor dem Servieren Pfirsich mit Biskuithaube backen, beiseitestellen. Avocado-Kartoffel-Carpaccio vorbereiten.
1 Stunde vorher
Kabeljau zubereiten und backen.

Zum Servieren
Avocado-Kartoffel-Carpaccio fertigstellen und servieren. Den Kabeljau mit Beilagen servieren. Anschließend das Dessert reichen.

Avocado-Kartoffel-Carpaccio
Elegant, raffiniert

Vorbereitung: 40 Minuten
Zubereitung: 30 Minuten

Für 6 Portionen

500 g festkochende Kartoffeln
1 TL Kümmel
2 Schalotten
4 EL Öl (z. B. Rapsöl)
100 ml weißer Aceto balsamico
Honig zum Abschmecken
Salz, Pfeffer aus der Mühle
200 g Sahnejoghurt
100 g Mayonnaise
1 unbehandelte Limette, abgeriebene Schale und Saft
250 g Riesengarnelen (tiefgekühlt)
2 Knoblauchzehen
1 Bund Rucola
1 Avocado
1 Glas Forellenkaviar zum Garnieren, nach Belieben

1 **1 Tag vorher:** Die Kartoffeln waschen und ungeschält mit dem Kümmel in kochendem Wasser garen. Abgießen, abkühlen lassen, schälen und in möglichst gleichmäßige Scheiben schneiden.

2 Die Schalotten schälen, fein würfeln und in 2 EL Öl dünsten. Den Essig und 100 ml Wasser angießen, aufkochen. Mit etwas Honig, 1 TL Salz und ½ TL frisch gemahlenem Pfeffer würzen. Den heißen Sud über die Kartoffeln gießen, vorsichtig mischen. Den Joghurt mit der Mayonnaise verrühren und mit Salz, Pfeffer, Honig, circa 1 TL Limettenschale und 1–2 TL Limettensaft (den übrigen Saft beiseitestellen) würzen. Die Garnelen abbrausen. Den Knoblauch schälen und in Scheiben schneiden. Die Garnelen mit der restlichen Limettenschale, dem Knoblauch und dem restlichen Öl (2 EL) mischen. Alles zugedeckt kalt stellen.

3 **2 Stunden vor dem Servieren:** Den Rucola waschen, putzen und trocken schütteln. Die Kartoffeln vorsichtig mit der Hälfte des Joghurtdressings mischen. Die Avocado halbieren, den Kern entfernen und das Fruchtfleisch in Spalten schneiden. Mit dem restlichen Limettensaft beträufeln und zugedeckt kalt stellen.

4 **Zum Servieren:** Die Garnelen samt Marinade 2–3 Minuten braten. Die Kartoffeln mit dem Rucola, den Avocadospalten und den Garnelen auf Tellern anrichten und mit dem übrigen Dressing beträufeln. Nach Belieben mit Kaviar garniert servieren.

Vorspeise — Menü mit Fisch

Kabeljau in Knusperhülle mit mediterranem Gemüse
Leicht und elegant

Vorbereitung: 70 Minuten
Zubereitung: 10 Minuten
Backzeit: ca. 20 Minuten

Für 6 Portionen

Für die Fischpäckchen:
500 g Tiefkühl-Blattspinat
1 Zwiebel
6 EL Butter
Salz, Pfeffer aus der Mühle, geriebene Muskatnuss
300 g Lachsfilet ohne Haut
3 EL Meerrettich (aus dem Glas)
150 g Crème fraîche
1 EL Anisschnaps (z. B. Pernod), nach Belieben
6 Stücke Kabeljau- oder Seeteufelfilet (à 100 g; beim Fischhändler vorbestellen)
12 Blätter Filo- oder Strudelteig (Kühlregal; 250 g)
3 EL Semmelbrösel
1 Ei
2 EL Schlagsahne

Für das mediterrane Gemüse:
1 Zwiebel
600 g Karotten
Salz
2 Zucchini
2 rote Paprikaschoten
1 EL Öl
4 Zweige Thymian
100 ml Geflügelbrühe (oder -fond aus dem Glas)
Pfeffer aus der Mühle, Zucker

1 Am Morgen des Festtags: Den Spinat auftauen lassen. Die Zwiebel schälen, sehr fein hacken und in 1 EL Butter dünsten. Den Spinat dazugeben, 2 Minuten dünsten. Mit Salz, Pfeffer und Muskat würzen, abkühlen lassen. Den Lachs abbrausen, würfeln und 30 Minuten tiefkühlen. Die Lachswürfel mit dem Meerrettich, der Crème fraîche und dem Anisschnaps pürieren. Alles zugedeckt kalt stellen.

2 Für das Gemüse die Zwiebel schälen und fein würfeln. Die Karotten schälen, putzen, in dünne Streifen schneiden und in Salzwasser in 3 Minuten garen, dann abschrecken. Die Zucchini waschen, putzen und längs halbieren, die Paprikaschoten halbieren, entkernen und waschen. Beides in dünne Streifen schneiden. Alles zugedeckt kalt stellen.

3 1 Stunde vorher: Den Fisch abbrausen, würzen. Die restliche Butter (5 EL) zerlassen und die Teigblätter damit einpinseln. Je 2 Teigblätter aufeinanderlegen und mit den Semmelbröseln bestreuen. Mit Spinat belegen, die Fischfarce daraufstreichen. Je 1 Stück Filet in die Mitte legen, mit Farce und Spinat bedecken. Das Ei trennen, die Teigränder mit Eiweiß bepinseln. Die Teigblätter einrollen, die Enden zusammendrücken. Die Fischpäckchen auf ein mit Backpapier belegtes Blech legen.

4 Zum Servieren: Den Backofen auf 200 Grad (Umluft 180 Grad) vorheizen. Das Eigelb mit der Sahne verrühren und die Päckchen damit bepinseln. Die Fischpäckchen im vorgeheizten Ofen circa 20 Minuten backen.

5 Für das Gemüse die Zwiebel in Öl dünsten. Das vorbereitete Gemüse, den Thymian und die Brühe dazugeben und etwa 5 Minuten garen, dann würzen. Zum Fisch servieren.

Pfirsich mit Biskuithaube
Wenig Aufwand

Vorbereitung: 25 Minuten
Zubereitung: 35 Minuten

Für 6 Portionen

6 Pfirsichhälften (aus der Dose), ungesüßt
1 Vanilleschote
190 g Zucker
2 Orangen, Saft
½ Zitrone, Saft
300 g Tiefkühl-Himbeeren
Puderzucker zum Süßen
Butter für die Gläser
2 Eier
2 Eiweiß
60 g gemahlene geschälte Mandeln
2–3 Tropfen Bittermandelaroma
1 Päckchen Bourbon-Vanillezucker
40 g Mehl
250 ml Schlagsahne

1 **Am Vortag:** Die Pfirsiche abtropfen lassen. Die Vanilleschote längs aufschneiden und das Mark herausschaben. 100 g Zucker im Topf schmelzen lassen und mit dem Orangen- und Zitronensaft ablöschen. Vanillemark und -schote zugeben. Alles kochen, bis der Zucker gelöst ist. Die Pfirsiche einlegen, 2 Minuten köcheln lassen. Für die Himbeersauce die Himbeeren auftauen lassen, dann pürieren, durch ein Sieb streichen und mit Puderzucker nach Geschmack süßen. Alles zugedeckt beiseitestellen.

2 **2 Stunden vor dem Servieren:** Den Backofen auf 200 Grad (Umluft 180 Grad) vorheizen. 6 Weckgläser oder große, ofenfeste Tassen (à ca. 400 ml Inhalt) buttern. Die Pfirsiche mit dem Sirup hineingeben. 1 Ei trennen. 1 Ei und 1 Eigelb mit circa 50 g Zucker schaumig aufschlagen. Die Mandeln und das Aroma unterschlagen. Das Eiweiß (von 3 Eiern) steif schlagen, den restlichen Zucker (ca. 40 g) und den Vanillezucker einrieseln lassen. Den Eischnee und das Mehl unter die Eigelbmasse heben, auf den Pfirsichen verteilen. Im Ofen etwa 15 Minuten backen. Herausnehmen, beiseitestellen.

3 **Zum Servieren:** Die Gläser bzw. Tassen im Ofen bei 150 Grad (Umluft 130 Grad) 10 Minuten erwärmen. Die Sahne halbsteif schlagen. Die Pfirsiche mit der Schlagsahne und der Himbeersauce garnieren und servieren.

Rezeptverzeichnis

Abc-Kuchenwürfel 149
Almdudler-Cocktail 178
Anglerpunsch 96
Apfel-Kapern-Sauce 71
Apfelrösti mit Schinken 132
Apple Pie à la mode 124
Auberginen-Rucola-Sandwich 59
Avocado-Frischkäse-Terrine 57
Avocado-Kartoffel-Carpaccio 237
Baguette, Gewürz-, hausgemacht 56
Baiser-Aprikosen-Dessert 76
Baked Potatoes 122
Beereneis in Waffeltüten 150
Birnen-Cocktail 154
Blinis mit Räucherfisch 210
Bohnen-Karotten-Bündel 233
Bohnen-Oliven-Salat mit pochiertem Ei 41
Bratapfelsauce 230
Brezenknödel 184
Brombeertarte 174

Brot, Brotwaren
    Auberginen-Rucola-Sandwich 59
    Bunte Smørrebrød-Platte 168
    Ciabatta-Stangenbrot 85
    Gewürzbaguette, hausgemacht 56
    Kleine Monstertaschen 197
    Knusprige Pizzaknochen 198
    Raclette-Crostini 181
    Sandwichröllchen 72

Campari-Cocktail 40, 208
Chili-Käse-Muffins 55
Ciabatta-Stangenbrot 85
Clownfischtorte (Mandelbiskuittorte) 108
Crostini, Raclette- 181
Curry-Kokos-Suppe 58

Desserts
    Baiser-Aprikosen-Dessert 76
    Beereneis in Waffeltüten 150
    Eiskaffee mit Beeren 92

    Erdbeeren mit Praliné-Sahne 36
    Geeiste Zitronencreme mit Himbeeren 46
    Hagebuttenmousse 186
    Halbgefrorener Schokokuchen mit Beeren 78
    Mascarpone-Orangen-Creme 201
    Käsekuchenmousse mit frischen Beeren 64
    Kirschgrütze mit Zitroneneis 138
    Orangen-Aprikosen-Kompott 226
    Palatschinken mit Fruchtkompott 22
    Pfirsich mit Biskuithaube 241
    Quarkmousse mit Mirabellen 162
    Sacher-Lebkuchen-Parfait 226
    Spekulatius-Creme 217
    Weiße Schokocreme mit Sauerkirschenkompott 234
    Zitronenlimo-Gelee 107

Eiskaffee mit Beeren 92
Endiviensalat 211
Erdbeeren mit Praliné-Sahne 36
Fenchel-Waldorfsalat 16

Fleisch und Geflügel
    Gänsebraten 230
    Geflügelmousse 228
    Hackbällchen-Sandwiches 197
    Hähnchenspieße, italienische 84
    Kalbs-Rahmgulasch 182
    Kasseler im Brotteig 74
    Lammbraten mit Zitrone 21
    Pfeffersteaks 119
    Putenbraten, glasierter 214
    Putensteaks »Rio Grande« 120
    Rinderfilet an Kirsch-Pfeffer-Sauce 137
    Roastbeef, Kräuter- 32
    Rumpsteaks mit Kräuterbutter 121
    Thymiankotelett, gefülltes 87

Fisch
    Blinis mit Räucherfisch 210
    Kabeljau in Knusperhülle 239
    Lachs in Pergamentpapier 171

    Lachsfrikadellen 71
    Nudelsalat mit Thunfisch und Gurke 88
    Spargelsuppe mit Jakobsmuscheln 29
Fonduesuppe 223
Frucht-Cocktail, blutroter 190
Fruchtkompott 22
Gänsebraten 230
Geflügelmousse 228
Gemüse, mediterranes 239
Gemüse, Pfannen- 122
Gemüse-Quiche 158
Gemüsesalat 75
Gespenstercreme (Mascarpone-Orangen-Creme) 201
Getränke/Drinks
    Almdudler-Cocktail 178
    Anglerpunsch 96
    Birnen-Cocktail 154
    Campari-Cocktail 40, 208
    Gurken-Mojito 26
    Kirsch-Martini 128
    Limonaden, dreierlei 142
    Margarita-Cocktail 112
    Passionsfrucht-Daiquiri 52
    Pfirsich-Basilikum-Bowle 82
    Preiselbeersekt 166
    Schlammpunsch (Zitronenpunsch) 190
    »Shirley Temple«, alkoholfrei 131
    Waldmeister-Cocktail 12
    Zitronen-Minz-Eistee 68
Götterspeise, Hexen- 204
Gurken-Mojito 26
Hackbällchen-Sandwiches 197
Hagebuttenmousse 186
Hähnchenspieße, italienische 84
Kabeljau in Knusperhülle 239
Kalbs-Rahmgulasch 182
Karotten-Bohnen-Bündel 233

Kartoffeln
    Avocado-Kartoffel-Carpaccio 237
    Baked Potatoes 122
    Gewürzkartoffeln 34
    Kartoffel-Erbsen-Suppe 213
    Kartoffelpüree mit brauner Butter 232
    Röstkartoffeln 172
Käsekuchenmousse mit frischen Beeren 64
Kasseler im Brotteig 74
Kekse mit Schokokuss (Sweet Turtles) 102
Kerbelbutter 35
Kirschgrütze 138
Kirsch-Martini 128
Kokossuppe, Curry- 58
Konfekt
    Amerikaner 202
    Bunte Nougatnester 11
    Hexen-Götterspeise 204
    Kekse mit Schokokuss 102
    Marshmallow-Schoko-Geister 204
    Mini-Spukhäuser 204
    Spinnennetzkekse 202
    Sweet Turtles 102
Kressesauce 35
Kuchen, Torten, Gebäck
    Abc-Kuchenwürfel 149
    Amerikaner 202
    Apple Pie à la mode 124
    Brombeertarte 174
    Bunte Nougatnester 11
    Clownfischtorte (Mandelbiskuittorte) 108
    Halbgefrorener Schokokuchen 78
    Lineal-Kekskuchen 145
    Punktetorte mit Mandarinen 146
    Spinnennetzkekse 202
Kürbisklöße mit Pilzrahmsauce 235
Kürbissuppe 157
Lachs in Pergamentpapier 171
Lachsfrikadellen 71

Lammbraten mit Zitrone 21
Limonaden, dreierlei 142
Lineal-Kekskuchen 145
Mais-Crêpes mit Spargel 62
Margarita-Cocktail 112
Marshmallow-Schoko-Geister 204
Mascarpone-Orangen-Creme 201
Mini-Spukhäuser 204
Monstertaschen (Hackbällchen-Sandwiches) 197
Muffins, Chili-Käse- 55
Muschelnudeln mit Gemüseragout 63
Neptuns Salat 102
Nougatnester 11
Nudelsalat mit Thunfisch und Gurke 88
Nuggets, Captain- 104
Obstlollis 103
Obstspieße 150
Ofenspargel 34
Olivenbutter 87
Orangen-Aprikosen-Kompott 226
Orientsalat mit gerösteten Mandeln 56
Palatschinken 22
Paprikakrake (Paprikaschote auf Quark) 99
Paprikapesto, herzhafter 57
Passionsfrucht-Daiquiri 52
Pasta mit Kräuter-Gemüse-Sauce 42
Pfannengemüse, buntes 122
Pfannkuchenröllchen, pikante 135
Pfeffersteaks 119
Pfirsich mit Biskuithaube 241
Pfirsich-Basilikum-Bowle 82
Pizzaknochen, knusprige 198
Pizzamuscheln 100
Preiselbeersekt 166
Punktetorte mit Mandarinen 146
Putenbraten, glasierter 214
Putensteaks »Rio Grande« 120
Quarkmousse mit Mirabellen 162
Raclette-Crostini 181

Räucherfisch-Blinis 210
Rinderfilet an Kirsch-Pfeffer-Sauce 137
Roastbeef, Kräuter- 32
Röstkartoffeln 172
Rote-Bete-Salat 173
Rote-Bohnen-Dip 115
Rotkohl-Crêpes 232
Rucola-Champignon-Salat 91
Rumpsteaks mit Kräuterbutter 121
Sacher-Lebkuchen-Parfait 226
Salate
    Bohnen-Oliven-Salat mit pochiertem Ei 41
    Bunter Würmersalat 194
    Endiviensalat 211
    Fenchel-Waldorfsalat 16
    Gemüsesalat 75
    Neptuns Salat 102
    Nudelsalat mit Thunfisch und Gurke 88
    Orientsalat mit gerösteten Mandeln 56
    Rote-Bete-Salat 173
    Rucola-Champignon-Salat 91
    Spargel-Erdbeer-Salat 30
    Traubensalat 154
    Westernsalat 117
    Winter-Kräutersalat 181
Sandwichröllchen 72
Saucen, Dips & Co.
    Apfel-Kapern-Sauce 71
    Bratapfelsauce 230
    Herzhafter Paprikapesto 57
    Kressesauce 35
    Kirsch-Pfeffer-Sauce 137
    Olivenbutter 87
    Rote-Bohnen-Dip 115
    Sauerrahm-Schnittlauch-Dip 115
Sauerkirschenkompott 234
Sauerrahm-Schnittlauch-Dip 115
Schinkentatar mit Kräuterspargel 31
Schlammpunsch (Zitronenpunsch) 190

Schokocreme, weiße 234
Schokokuchen, halbgefrorener, mit Beeren 78
Schokosauce 92
Schultüten zum Schlecken (Beereneis in Waffeltüten) 150
»Shirley Temple«, alkoholfrei 131
Smørrebrød-Platte, bunte 168
Spargel, Mais-Crêpes 62
Spargel, Ofen- 34
Spargelcremesuppe 15
Spargel-Erdbeer-Salat 30
Spargelsuppe mit Jakobsmuscheln 29
Spekulatius-Creme 217
Spinatnockerl 185
Spinatquiche 18
Spinnennetzkekse 202
Sterntoast mit Ei 211
Suppen
    Curry-Kokos-Suppe 58
    Fonduesuppe 223
    Grüne Suppe mit Olivenkäfern 193
    Kartoffel-Erbsen-Suppe 213
    Kürbissuppe 157
    Spargelcremesuppe 15
Spargelsuppe mit Jakobsmuscheln 29
Sweet Turtles (Kekse mit Schokokuss) 102
Thymiankotelett, gefülltes 87
Tomaten-Bohnen-Quiche 61
Traubensalat 154
Waffeltüten mit Beereneis 150
Waldmeister-Cocktail 12
Westernsalat 117
Winter-Kräutersalat 181
Wintermüsli 218
Wirsing-Quiche mit Speck 161
Würmersalat, bunter 194
Ziegenfrischkäse-Ravioli 45
Zitronencreme, geeiste, mit Himbeeren 46
Zitroneneis 138

Zitronenlimo-Gelee 107
Zitronen-Minz-Eistee 68
Zitronenpunsch, schaumiger 190
Zwiebelringe, krosse 112

Mit Leidenschaft dabei

Chefredakteurin Gaby Höger (links) und das Redaktionsteam von
»meine Familie & ich« kennen das Rezept für erfolgreiche Feste:
perfekte Planung und leckere, originelle Gerichte, die sich leicht vorbereiten
lassen. Dann ist Hochstimmung garantiert – bei Gastgebern
und Gästen.

Fotonachweis

Seite 6 meine Familie & ich-Archiv/Matthias Hangst (2); Burda-Kommunikation
Seite 8–23 **Ostern:** burdafood.net-Archiv/Gaby Zimmermann
Seite 24–37 **Spargelzeit:** burdafood.net-Archiv/Gaby Zimmermann
Seite 38–47 **Pastaparty:** burdafood.net-Archiv/Jan-Peter Westermann
Seite 48–65 **Vegetarisches Buffet:** burdafood.net-Archiv/Jan-Peter Westermann
Seite 66–79 **Picknick:** burdafood.net-Archiv/Jan-Peter Westermann
Seite 80–93 **Grillparty:** meine Familie & ich-Archiv/Oliver Brachat
Seite 94–109 **Kinderparty:** burdafood.net-Archiv/Maja Smend
Seite 110–125 **Steakhous:** burdafood.net-Archiv/Jan-Peter Westermann
Seite 126–139 **Kirschenfest:** meine Familie & ich-Archiv/Hans Gerlach
Seite 140–151 **Schulanfang:** meine Familie & ich-Archiv/Hans Gerlach
Seite 152–163 **Quiche-Party:** meine Familie & ich-Archiv/Maike Jessen
Seite 164–175 **Lachsmenü:** burdafood.net-Archiv/Gaby Zimmermann
Seite 176–187 **Hüttenabend:** burdafood.net-Archiv/Oliver Brachat
Seite 188–205 **Halloween:** burdafood.net-Archiv/Oliver Brachat
 Seite 206–219 **Adventsbrunch:** burdafood.net-Archiv/Jan-Peter Westermann
Seite 220, 233 **Weihnachtsmenü:** meine Familie & ich-Archiv/Maja Smend
Seite 220–241 **Weihnachtsmenü:** burdafood.net-Archiv/Jan-Peter Westermann
Seite 222–231, 234–241 **Weihnachtsmenü:** burdafood.net-Archiv/Jan-Peter Westermann
Seite 246 meine Familie & ich-Archiv/Silvio Knezevic

© 2014
AT Verlag, Aarau und München
Lektorat: Nicola Härms, Rheinbach
Gestaltung und Satz: AT Verlag
Bildbearbeitung: Vogt Schild, Derendingen
Druck: Offizin Andersen Nexö, Leipzig
Printed in Germany

ISBN 978-3-03800-809-5

www.at-verlag.ch